LES

MOHICANS

DE PARIS

PAR

ALEXANDRE DUMAS

16

PARIS
ALEXANDRE CADOT, ÉDITEUR
37, rue Serpente.

1855

LES MOHICANS DE PARIS

Ouvrages du marquis de Foudras.

Un Drame en famille	5 vol.
Un Grand Comédien	3 vol.
Le Chevalier d'Estagnol	6 vol.
Diane et Vénus	4 vol.
Jacques de Brancion	5 vol.
Madame de Miremont	2 vol.
Lord Algernon	4 vol.
La comtesse Alvinzi	2 vol.
Un Capitaine du Beauvoisis	4 vol.
Madeleine repentante	4 vol.
Le Capitaine Lacurée	4 vol.
Les Gentilshommes chasseurs	2 vol.
Suzanne d'Estouville (format Charpentier)	2 vol.
Tristan de Beauregard (idem)	1 vol.
Un Caprice de grande dame (idem)	3 vol.
Un amour de vieillard	3 vol.
Les veillées de Saint-Hubert	2 vol.

Sous presse :

Le dernier roué	2 vol.

Ouvrages de Xavier de Montépin.

Confessions (les) d'un Bohême	5 vol.
Vicomte (le) Raphaël	5 vol.
Les Oiseaux de nuit	5 vol.
Les Chevaliers du lansquenet	10 vol.
Les Viveurs d'autrefois	4 vol.
Le Loup Noir	2 vol.

LES
MOHICANS
DE PARIS

PAR

ALEXANDRE DUMAS

16

PARIS
ALEXANDRE CADOT, ÉDITEUR
37, rue Serpente.

1855

I

Le portrait de saint Hyacinthe.

La rue du Pot-de-Fer, parallèle à la rue Férou et à la rue Cassette, est une des plus sombres rues du faubourg Saint-Germain à l'époque vers laquelle se passent les événements que nous racontons.

L'herbe y croissait, dans les interstices des pavés, avec cette exubérance dont la rareté des passants explique suffisamment la cause. On eût dit le clos d'un presbytère ou l'entrée d'un cimetière de village, tant cette rue, véritable retraite au fond de la ville, inspirait de quiétude profonde et de mélancolique sérénité.

Mais si elle était sombre du côté de la rue du Vieux-Colombier, où elle commence, en retour, elle était assez claire du côté de la rue de Vaugirard, où elle finit. Aboutissant par ce point au Luxembourg, elle recevait tous les rayons dont le soleil inonde le jardin du Palais Médicis : et, pour un savant, pour un philosophe ou pour un poète, habiter cette petite rue silencieuse et verdoyante, c'était un rêve enchanté.

C'est là que demeurait, nous croyons l'avoir dit déjà, Fra Dominico Sarranti : il occupait le second étage d'une maison située en face l'hôtel du comte Cossé de Brissac. Les trois chambres qui composaient son appartement étaient uniformément peintes à l'huile comme les murailles d'une cellule, du ton de la laine blanche de sa robe. Sept ou huit petits tableaux de Maîtres Espagnols, une esquisse de Lesueur et une esquisse du Dominicain révélaient suffisamment le goût artistique du locataire.

Ce fut vers ce point de la rue du Pot-de-

Fer que l'abbé Dominique se dirigea en sortant de la rue de Tournon. Au milieu des cris de joie dont elle salua son arrivée, la concierge lui remit une lettre, à la seule vue de laquelle le front austère du jeune homme s'éclaira.

Il en avait reconnu l'écriture, et cette lettre était de son père.

Dominique ouvrit la lettre. Elle contenait ces quelques lignes :

« Mon cher fils, je suis à Paris depuis hier soir sous le nom de Dubreuil. Ma première visite a été pour vous : on m'apprend que vous n'êtes pas encore revenu, mais que l'on vous a fait passer ma première lettre et que par conséquent vous ne pouvez tarder. Si vous arrivez cette nuit ou demain matin, trouvez-vous à midi à l'église de l'Assomption, au troisième pilier en entrant à gauche. »

Pas de signature, mais, pour Dominique, l'écriture fiévreuse de son père était bien reconnaissable. D'ailleurs sa fuite à la suite du complot de l'année 1820 justifiait cette mesure de précaution.

Il craignait sans doute d'être inquiété, et le lecteur sait déjà, grâce à la conversation de M. Jackal et de Gibassier, que ces craintes n'étaient pas tout à fait illusoires.

— Pauvre père, fit l'abbé en remontant chez lui — car le rendez-vous était pour midi seulement, il avait encore une heure à attendre. — Pauvre père, bon et noble cœur, l'âge a passé sur ta tête sans enlever un battement à ton pouls, une pensée généreuse à ton esprit. Tu reviens à Paris, au milieu des dangers que tu connais et de ceux que tu ignores, pour tenter quelque nouvelle et généreuse entreprise. Que Dieu t'accorde la récompense de ton pieux dévoûment et de ta courageuse et persistante résignation ! Oh ! mon père, moi, je t'apporte plus que la vie, je t'apporte la preuve de l'innocence d'un crime que non-seulement tu n'as pas commis, mais dont tu ne sais pas même être accusé.

Puis, tout en montant l'escalier, il passa

les mains dans les plis de sa robe pour y chercher la déclaration qu'il avait reçue de M. Gérard à son lit de mort, et qu'il avait, étant parti le même jour pour la Bretagne, emportée avec lui.

Il rentra dans sa chambre abandonnée depuis près de cinq semaines, et retrouva, avec un sentiment de profonde mélancolie, ce petit appartement calme et solitaire hors duquel il venait d'être entraîné comme un oiseau emporté loin de son nid dans un tourbillon d'orage.

Un beau rayon de soleil filtrait à travers les vitres de la fenêtre, et faisait entrer la vie et la chaleur dans la chambre à coucher du jeune moine.

Dominique tomba dans un grand fauteuil et se laissa aller à une méditation profonde.

La pendule que la concierge avait remontée avec soin pendant l'absence de Dominique, sonna onze heures et demie.

Dominique releva la tête, et son regard, encore empreint d'un reste de méditation, après avoir erré un instant sur les objets qui décoraient la chambre, s'arrêta sur le pâle et blond visage d'un des saints faisant les sujets des tableaux pendus à la muraille.

Ce visage semblait s'illuminer d'une lueur prodigieuse.

C'était le portrait de saint Hyacinthe,

religieux de l'ordre de Saint-Dominique, que les historiens ecclésiastiques appellent l'apôtre du Nord. Il était de la maison des comtes d'Oldovrans, l'une des plus anciennes et des plus illustres de la Silésie, qui faisait, lors de sa naissance, c'est-à-dire vers 1183, une province de la Pologne. C'était une tradition de famille chez les Penhoël qu'un de leurs aïeux avait été frère d'armes, à l'époque de la première croisade, d'un des aïeux de saint Hyacinthe, et, par un hasard étrange, Dominique, à qui Colomban avait un jour raconté cette vieille histoire, Dominique, en passant sur les quais, avait, sous une vénérable couche de poussière, découvert ce saint Hyacinthe, et, trouvant en lui la ressemblance de Colomban, l'avait acheté, puis, rentré chez lui et l'ayant nettoyé et reverni. avait reconnu que c'était un excellent petit tableau de l'école de Murillo, sinon de Murillo lui-même.

De sorte que ce tableau lui était trois fois précieux.

D'abord, en ce qu'il représentait un saint de son ordre; en ce que ce saint ressemblait à Colomban, et enfin en ce que le tableau était, comme nous le disions, sinon un tableau de Murillo, du moins d'un de ses bons élèves.

On comprend, dans la situation d'esprit où était Dominique, après un mois passé au château de Penhoël et une heure passée près de Carmélite, on comprend l'effet que produisit sur lui, au retour, la vue inopinée de ce tableau parfaitement oublié.

Il se leva lentement pour se rapprocher de lui, mais, avant de s'en approcher, il resta debout près du fauteuil, l'œil fixé sur le tableau.

C'étaient bien en effet, et jamais la ressemblance n'avait paru à Dominique si parfaite, c'étaient bien la même pureté de front, la même sérénité de visage, les cheveux blonds du martyr polonais, complétant la presque identité, encadraient la douce figure d'Hyacinthe comme les cheveux blonds du martyr breton encadraient le suave visage de Colomban.

Tous deux avaient conservé pendant leur vie, au milieu des embûches du monde, la même innocence primitive et la même chasteté d'âme et de corps. Tous deux humbles, charitables, compatissants, simples et forts, ils avaient la même haine du mal, le même ardent amour du bien, les mêmes entrailles fraternelles pour tous les hommes.

Peu à peu, et à force de regarder le portrait, cette ressemblance avec Colomban lui apparut si réelle et si extraordinaire en même temps, que, dans une de ces extases religieuses auxquelles il était sujet, adressant la parole au portrait :

— Sois heureux, oui, bon et noble jeune homme, dit-il, et prie là-haut pour ton père pour ton frère et pour ta sœur, comme ici-bas ta sœur, ton frère et ton père prient pour toi.

Alors, s'avançant vers le portrait, il le détacha de la muraille et, l'apportant entre ses mains près de la fenêtre, il le regarda ainsi éclairé avec une expression dans laquelle il était difficile de reconnaître s'il y avait plus de tendresse pour l'ami que de religion pour le saint.

— Oui, c'est bien toi, noble et chère créature, dit-il, et il faut que la vertu soit imprimée sur le front des hommes en sceau bien indélébile, pour qu'à huit siècles de distance, et sans que le peintre ait pu vous connaître ni l'un ni l'autre, je retrouve sur le front du saint le signe de vertu que Dieu avait placé sur le front de mon ami.

Puis, tout à coup, comme éclairé d'une pensée soudaine :

— O Carmélite ! murmura-t-il.

Puis, après un instant de méditation :

— Oui, dit-il, ce sera bien ainsi.

Et, déposant le portrait sur une chaise,

il s'approcha de son secrétaire, prit une feuille de papier et une plume, avança un fauteuil du bureau, s'assit, laissa tomber un instant sa tête entre ses mains, et écrivit la lettre suivante :

« Permettez-moi, ma sœur, de vous of-
» frir le portrait de saint Hyacinthe. Vous
» trouverez ci-jointe une histoire de la vie
» de ce saint, vie que j'avais tenté d'es-
» quisser il y a déjà quelques années.

» En revenant de Bretagne, en sortant
» de chez vous, en rentrant chez moi, j'ai
» été frappé des affinités mystérieuses qui
» unissent dans une ressemblance com-
» mune le saint et l'ami que nous pleu-
» rons. Ce sont deux frères de bien, deux

» jumeaux de vertu : vous, leur sœur, ac-
» ceptez ce portrait comme un héritage
» de famille. »

Il plia la lettre, la cacheta, écrivit l'adresse, puis, allant à sa bibliothèque, il prit sur des rayons un petit manuscrit, à la première page duquel étaient écrits ces mots :

« Vie abrégée de saint Hyacinthe, de l'ordre de Saint-Dominique. »

Il regarda tour à tour le manuscrit et le portrait, puis, enveloppant l'un et l'autre dans une grande feuille de papier, il cacheta le tout, et, voyant qu'il était midi moins un quart à la pendule, il prit le paquet sous son bras, sa lettre à sa main et descendit rapidement.

Il retourna chez Carmélite et, après s'être informé près de la concierge des suites de l'évanouissement de la jeune fille, il lui donna la lettre et le portrait, avec prière de les lui remettre à l'instant même et descendit vers les quais, se dirigeant, par la rue de Seine et le Pont-des-Arts, vers l'église de l'Assomption.

L'abbé Dominique, arrivé le matin et ignorant complétement ce qui se passait à Paris, ne pouvait comprendre pourquoi son père lui avait donné rendez-vous à l'église de l'Assomption, quand, en supposant qu'il voulût absolument lui donner rendez-vous dans une église, celle de Saint-Sulpice était à cent pas de chez lui. Mais en entrant dans la rue Saint-Honoré, et en voyant la foule immense qui l'encombrait, la file de voitures qui commençait bien au-delà de la rue du Coq et dont on ne découvrait pas l'extrémité, il s'informa près du premier passant de la cause qui réunissait tout ce monde.

Alors, on lui apprit que la foule était venue là pour assister au convoi du duc de Larochefoucauld-Liancourt, mort la surveille.

II

Le convoi d'un gentilhomme libéral en 1827

Le duc de Larochefoucauld-Liancourt, frappé si brutalement par M. de Corbière en 1823, venait en effet de terminer à l'âge de quatre-vingts ans une vie de charité, de loyauté et d'honneur qui avait fait qu'il était mort avec la réputation d'un des hommes les plus vertueux, les plus bienfaisants, les plus honorés et les plus honorables de France.

A quelque parti que l'on appartînt, on était forcé d'admirer l'insigne vertu du duc de Larochefoucauld-Liancourt, et, depuis l'ouvrier le plus pauvre jusqu'au plus riche bourgeois, son nom, prononcé avec une vénération égale, signifiait, dans toutes les bouches, grandeur d'âme, bienfaisance et probité.

En apprenant la mort du noble duc, l'abbé Dominique comprit le sens de cette démonstration sympathique et reconnaissante des habitants de Paris.

C'était l'époque des démonstrations.

Comme l'opposition était alors, à peu d'exceptions près, en majorité dans toutes les classes de la société, la moindre occasion était saisie au passage, et jamais la roue sur laquelle elle tourne n'avait fait de haltes plus fréquentes.

Tout était une occasion à démonstration.

Touquet inventait les tabatières à la charte, et Touquet vendait cinq cent mille tabatières. Ceux qui ne prenaient pas de tabac les utilisaient en y mettant des bonbons.

C'était une démonstration.

Pichat faisait représenter Léonidas mourant pour la liberté de Sparte, et l'on s'étouffait aux portes du Théâtre-Français.

C'était une démonstration.

Le général Foy mourait. Cent mille hommes suivaient son convoi, et la France souscrivait un million à sa veuve.

C'était une démonstration.

Enfin le duc de Larochefoucauld-Liancourt venait de mourir. C'était un gentilhomme, c'était un royaliste, c'est vrai; mais comme en même temps c'était un libéral, on profitait de sa mort pour faire une démonstration contre les ultras et contr les jésuites.

Aussi, toutes les classes de la société étaient-elles représentées dans cette foule. Le sarreau, la blouse, la veste de l'ouvrier; l'alpaga et la castorine du bourgeois; l'uniforme du garde national, l'habit du pair de France, la simarre du juge, tout était confondu. Une même douleur, attirant tout sur le même terrain, abaissait ce qui était trop haut, élevait ce qui était en bas, mêlait le pauvre au riche, le civil au militaire, l'académicien et le député, le magistrat et le médecin.

Mais ce qui s'agitait le plus convulsivement au milieu de cette foule, c'était la jeunesse des Écoles, c'étaient des centaines d'étudiants qui, enfants la veille, étaient sacrés hommes par le concours religieux qu'ils prêtaient à ce deuil public.

A cette époque-là, il y avait encore des Écoles.

Quand une émeute semblait prendre quelque consistance, le bourgeois, tout tremblant, mettait le nez à la fenêtre et regardait à droite ou à gauche, mais toujours du côté du quartier Latin, disant à sa femme :

— Rassure-toi, Minette, ce ne sera rien. Je ne vois pas descendre les Écoles.

C'était ainsi qu'en 1792 on regardait du côté des faubourgs.

Seulement, quand ces faubourgs descendaient, comme aux 5 et 6 octobre, comme au 20 juin, comme au 10 août, ce n'était que la force venant corroborer la force.

Tandis que quand les Écoles descendaient, comme au 28 juillet, comme au 5 juin, c'était l'intelligence qui venait au secours de la force.

Aussi, quand ce même bourgeois voyait dans le lointain le vent soulever les basques des minces jaquettes des étudiants, quand on entendait leur chant lointain gronder comme un tonnerre au sommet de cette montagne que l'on appelait la rue Saint-Jacques, alors les bourgeois, perdant tout espoir de voir se rasséréner l'horizon politique, comme disait poétiquement *le Constitutionnel*, les bourgeois fermaient, calfeutraient, barricadaient leurs boutiques et leurs fenêtres, et les peureux descendaient dans leurs caves en s'écriant :

— Sauve qui peut! mes enfants, voilà les Écoles qui descendent.

Le nom d'Écoles signifiait jeunesse, indépendance, courage et force.

Mais peut-être un peu aussi turbulence et passion.

Et puis, était-ce bien là la mission qu'ils avaient reçue?

En attendant, tous ces jeunes gens de dix-huit à vingt ans, envoyés par leur mère du fond de toutes les provinces, donnaient du cœur aux plus faibles, de l'assurance aux plus timides. Ils étaient toujours prêts à combattre et à mourir pour un mot, une idée, un principe, pareils à de vieux soldats, ou plutôt semblables à de jeunes Spartiates, dont ils avaient les mâles vertus sous une forme plus légère et plus insouciante.

Ils venaient à l'émeute en dansant, ils combattaient en chantant, ils mouraient en souriant.

Mais ce n'était point pour se rendre à une émeute qu'ils étaient — servons-nous du terme consacré — descendus ce jour-là. Ils ne dansaient pas, ne chantaient pas, ne souriaient même pas. Leur jeune visage, soucieux et triste, portait les marques de l'affliction que mettait dans le cœur de tout citoyen la mort de ce juste.

Parmi eux on distinguait une députation des élèves de l'École des Arts-et-Métiers de Châlons, laquelle venait assister aux funérailles de leur bienfaiteur ; car, entre autres titres au respect et à l'amour de ses concitoyens, M. le duc de Larochefoucauld-Liancourt était le fondateur de l'École des Arts-et-Métiers de Châlons.

Ce fut assez difficile à l'abbé Dominique de traverser cette foule. Arrivé cependant au milieu des Écoles, les jeunes gens, en voyant ce beau prêtre, à peine leur aîné de cinq ou six ans, que la plupart d'entre eux connaissaient, les jeunes gens s'écartèrent avec déférence pour le laisser passer.

Il parvint enfin, après une demi-heure de lutte, à peu près, devant la grille de l'Assomption, au moment où les voitures de deuil, sortant de l'hôtel de Larochefoucauld, situé rue Saint-Honoré, commençaient à apparaître dans le lointain comme une flotte funèbre pavoisée de noir, fendant les flots houleux de cette foule.

En ce moment, et comme l'abbé Dominique fendait un groupe, il entendit un homme vêtu d'un habit noir, avec un crêpe au bras, dire à demi-voix :

— Rien avant ni pendant la cérémonie, vous entendez bien ?

— Et après ? demanda l'un des deux hommes.

— On leur signifiera de s'en aller.

— S'ils refusent ?

— On les arrêtera.

— S'ils se défendent ?

— Vous avez vos casse-têtes ?

— Oui, sans doute.

— Eh bien, vous vous en servirez.

— Et le signal?

— Ils le donneront eux-mêmes... quand ils voudront porter le corps.

— Chut! dit un des deux hommes, voici un moine qui nous entend.

— Bon! qu'importe, est-ce que les prêtres ne sont pas avec nous?

Dominique fit un mouvement comme pour renier l'étrange solidarité. Mais il se souvint que son père l'attendait, qu'il était sous le poids d'une double accusation, qu'il fallait en conséquence, autant que possible, écarter l'attention, non-seulement de son père, mais encore de lui-même.

En conséquence, il se tut.

Seulement son cœur, qui s'était soulevé en entendant les paroles du chef, monta jusqu'à ses lèvres en voyant les figures des deux agents.

Il reprit sa marche, forcément interrompue, et crut reconnaître dans cette foule un grand nombre d'individus qui, à son avis, lui parurent être des porteurs de casse-têtes.

Il arriva ainsi sous le portique de l'église de l'Assomption.

Son costume, qui lui avait frayé un chemin à travers les étudiants, le servit mieux encore aux approches de l'église.

On s'écarta devant lui et il put entrer.

Du premier coup d'œil il aperçut, adossé contre le troisième pilier de gauche, immobile comme une statue, son père, dont le regard était fixé sur la porte.

Il était évident qu'il attendait.

Dominique le reconnut, quoiqu'il y eût sept ans qu'il ne l'eût vu. Rien n'était changé en lui : même éclat dans les yeux, même résolution dans tous les traits du visage, même vigueur dans toute sa personne.

Seulement les cheveux avaient grisonné, et son teint avait bruni au soleil de l'Inde.

Dominique marcha droit à son père, avec l'intention de se jeter dans ses bras. Mais, avant qu'il eût parcouru la moitié du chemin, M. Sarranti avait mis un doigt sur sa bouche, et, par ce signe et par le regard qui l'accompagnait, lui avait recommandé la plus profonde discrétion.

L'abbé comprit qu'il lui fallait demeurer, ostensiblement du moins, tout à fait étranger à son père. Aussi, arrivé près de lui, au lieu de l'embrasser, de lui parler ou de lui tendre seulement la main, il s'agenouilla près du pilier, et après avoir adressé à Dieu une prière de remerciment, il chercha la main que son père laissa retomber, et, la baisant avec ferveur et respect, il se contenta de prononcer ces deux mots qui pouvaient aussi bien s'adresser à Dieu qu'à l'homme aux pieds duquel il était :

— Mon père !

III

Ce qui se passait dans l'église de l'Assomption le 30 mars de l'an de grâce 1828.

L'église de l'Assomption, dont la construction remonte à l'année 1670, est sans doute un des plus laids et des plus vulgaires monuments de Paris. La forme en est malheureuse : elle représente une tour couverte d'un immense dôme de soixante-deux pieds de diamètre, quelque chose de pareil à la Halle-aux-Blés, de sorte que, dit Legrand dans la *Description de Paris et de ses édifices*, de sorte, que ce monument étant trop élevé pour son diamètre, l'intérieur a l'apparence d'un puits profond, plutôt que la grâce d'une coupole bien proportionnée.

Avant d'être érigée en église paroissiale, l'Assomption était un couvent de religieuses. Les sœurs qui habitaient ce couvent s'appelaient les *Haudriettes*. Elles étaient chargées, dans l'origine, de servir un hôpital de pauvres femmes. Peu à peu, l'hôpital devint un couvent, et elles vécurent inutiles et constituées en communauté religieuse.

La conduite de ces religieuses était loin d'être régulière, et l'on avait plusieurs fois tenté, mais vainement, d'établir la réforme dans leur maison. Enfin, le cardinal de Larochefoucauld entreprit de les soumettre à la règle et de les transférer dans un hôtel qu'il avait possédé au faubourg Saint-Honoré, qu'en 1605, il avait vendu aux Jésuites, et que ceux-ci, par contrat du 3 février 1623, revendirent aux religieuses Haudriettes. Elles y étaient déjà établies depuis six mois, et en avaient déjà fait disposer l'intérieur d'une manière convenable à leur état, lorsque le titre des Haudriettes fut supprimé et les revenus réunis au nouveau monastère du faubourg Saint-Honoré, auquel on donna le nom d'*Assomption*.

Seulement, la chapelle de cette maison ne parut pas suffisante aux religieuses. Elles achetèrent l'hôtel d'un sieur Desnoyers, et firent commencer, en 1670, la construction de leur église, qui fut achevée six ans après.

Cette lourde coupole, ombrée par un ciel noir, était donc, ce jour-là comme toujours, d'un assez triste et vulgaire aspect, et il ne fallait rien moins que toute cette foule imposante pour donner au spectacle qu'on avait sous les yeux son côté poétique et solennel.

Au moment où le cortége funèbre fut prêt à quitter la maison mortuaire pour se rendre à l'église, les anciens élèves de cette École de Châlons, que M. de Liancourt avait fondée, demandèrent à porter le cercueil d'un de leurs bienfaiteurs. Un des ministres de Charles X, M. le duc de Larochefoucauld – Doudeauville, proche parent du mort, et qui devait tenir un des coins du drap mortuaire, accorda la permission au nom de la famille.

Le cortége se mit donc en marche lentement, solennellement, et l'on arriva dans le plus grand ordre à l'église.

La foule, entassée aux deux côtés de la rue, calme et silencieuse, s'écartait et se découvrait respectueusement au fur et à mesure que s'avançait le cercueil.

Il faudrait avoir l'armorial des notabilités du temps pour donner une idée des assistants illustres que les obsèques du noble duc avaient attirés ce jour-là dans l'église de l'Assomption.

C'étaient d'abord les comtes Gaëtan et Alexandre de Larochefoucauld, fils du défunt, et toute la famille du duc ; c'étaient les ducs de Brissac, de Lévis, de Richelieu. C'étaient les comtes de Portalis et de Bastard ; le baron Portal, MM. de Barante, Lainé, Pasquier, Decazes, l'abbé de Montesquiou, la Bourdonnaie, de Villèle Hyde de Neuville, de Noaille, Casimir Périer,

Benjamin Constant, Royer-Collard, Béranger.

Entre deux des pilastres, dont le mur circulaire de l'église est formé, un homme qui avait déjà joué en 1789 et qui devait jouer en 1830 un grand rôle dans les affaires du pays, l'illustre et bon Lafayette, échangeait de temps en temps avec un autre homme de quarante-deux à quarante-quatre ans, mais qui en paraissait à peine trente-cinq, quelques paroles accompagnées de ce ton de déférence que l'excellent vieillard avait pour tout le monde, mais qu'il savait si bien accentuer en faveur des gens qu'il honorait particulièrement de son estime.

Cet homme, dont le nom s'est déjà deux ou trois fois présenté sous notre plume, mais que nous n'avons pas encore eu l'honneur de présenter à nos lecteurs, est M. Anténor de Marande, le mari de celle des quatre sœurs de Saint-Denis que nous avons vues réunies autour du lit de Carmélite et dans l'église de Saint-Germain-des-Prés, et que nous n'avons fait jusqu'à présent qu'indiquer sous le nom de *Lydie*.

M. de Marande, âgé, à cette époque, comme nous l'avons dit déjà, de quarante-deux à quarante-quatre ans, était un bel et élégant banquier aux cheveux blonds, à la barbe blonde, aux yeux bleus, aux dents blanches et aux joues roses. Une grande distinction, non point celle que donne la naissance, mais celle que donne l'étude, l'éducation, l'habitude du monde, celle enfin dont les gentlemen anglais semblent avoir le privilége, était un des principaux caractères de sa personne. Il y avait en lui quelque chose de raide qui tenait à son éducation première. Destiné par son père, vieux colonel de l'empire, tué à Waterloo, à la carrière militaire, il avait été élevé à l'École Polytechnique, dont il était sorti en 1816. Alors, voyant que l'avenir était à la paix, il avait tourné ses études du côté de la banque. Comme il avait étudié Polybe, Montecuculli et Jomini, il avait étudié Turgot et Necker, et, comme son esprit était apte à tout comprendre, au lieu de devenir un officier illustre, il était devenu un banquier distingué.

Comme nous l'avons dit, sa tournure avait gardé quelque chose du col de soie noire et de l'habit boutonné dans lequel il avait été emprisonné pendant dix ou douze ans. Une femme pouvait le trouver beau, car, pour la femme, l'élégance et la distinction sont déjà la moitié de la beauté. Mais un homme devait le trouver, guindé, gourmé, tendu, fat, en un mot.

Au reste, il avait dû, à cette affectation du *comme il faut* anglais, une ou deux affaires dont il s'était tiré avec un courage et un sangfroid des plus remarquables.

La première de ces affaires, qui lui était arrivée le 1er du mois, avait été vidée sans retard, à l'instant même, à l'épée, et i avait grièvement blessé son adversaire.

Pour la seconde, qui devait avoir lieu au pistolet, et qui lui était arrivée le 22 du mois, il avait demandé dix jours de délai. Le but de ces dix jours de délai était de régler son trente, comme on dit en terme de banque.

Son trente réglé, il avait écrit son testament, puis il avait fait rappeler à son adversaire que le délai demandé par lui expirant le lendemain, il se tenait à sa disposition pour le lendemain, à l'heure et au lieu qui lui conviendraient.

Les adversaires, placés à trente pas l'un de l'autre, avaient fait feu en même temps.

M. de Marande avait été blessé à la cuisse.

Son adversaire avait été tué raide.

Tout cela sans qu'un pli de la cravate blanche, qu'avait l'habitude de porter M. de Marande eût été dérangé de sa symétrie habituelle.

Jamais il n'avait parlé de ces deux affaires et paraissait fort contrarié quand on les lui rappelait.

Quant à sa force à l'épée ou à son adresse au pistolet, il n'en avait jamais donné que ces deux preuves, et sans ce double duel on eût probablement ignoré, même dans son monde le plus intime, qu'il sût toucher un pistolet ou une épée.

Seulement on disait qu'il avait chez lui une salle d'armes et un tir, un tir où n'entrait jamais que son domestique, une salle d'armes où n'entrait jamais qu'un vieil Italien, nommé Castelli, qui servait de répétiteur aux premiers maîtres d'escrime de Paris.

M. de Marande était, avec MM. de Rothschild, Laffite et Aguado, un des banquiers les plus célèbres du continent, non pas comme un des plus riches, mais comme un des plus hasardeux. On citait de lui des opérations financières d'une incroyable audace, des actions d'éclat de bonheur et de génie.

Aussitôt qu'il eut atteint l'âge voulu par

la charte, il avait été envoyé à la Chambre par son département, dans lequel il avait atteint une majorité qui touchait presqu'à l'unanimité, et, quelque deux années auparavant, il avait prononcé, après un silence de près de trois ans, un discours sur la liberté de la presse qui prouvait qu'il avait étudié les orateurs antiques et modernes avec non moins de conscience que les stratégistes et les économistes.

Ami intime de Benjamin, de Manuel et de Lafayette, il siégeait au centre gauche, et paraissait enrôlé sous le drapeau des banquiers politiques, Casimir Périer et Laffitte.

Ce drapeau, quel était-il?

C'était une chose assez difficile à définir ; cependant ceux qui se prétendaient bien instruits dans les affaires du temps disaient que ce drapeau, représentant une opinion intermédiaire entre la république et la monarchie absolue, c'était celui d'un prince qui, pour rester prudemment caché dans l'ombre, n'en travaillait pas moins au renversement de l'état de choses actuel.

On voit qu'il existait une nuance dans l'opinion du général Lafayette, qui représentait la monarchie républicaine avec la constitution de 89, et M. de Marande, qui, s'il était, en effet, agent du prince, n'était que l'expression d'une monarchie bourgeoise avec un remaniement de la charte de 1815.

Au reste, on eût été parfaitement au

courant des opinions de l'un et de l'autre, si l'on eût entendu les quelques mots que nous venons de leur voir échanger.

— Vous avez été prévenu de ce qui se passe là-bas, général?

— Oui, il y a hausse dans les fonds autrichiens.

— Jouerez-vous à la hausse ou à la baisse ?

— Non, je resterai neutre.

— Est-ce votre avis seulement ou ceux des banquiers vos amis?

— C'est l'avis général.

— Alors, le mot d'ordre?

— *Laissez faire !* Et vous, avez-vous vu le prince?

— Oui!

— Lui avez-vous communiqué le mouvement qui se fait? Il a des fonds dans la maison Arnstein et Eskeles, je crois?

— Il y a une grande partie de sa fortune.

— Jouera-t-il pour, jouera-t-il contre?

— Non, comme vous, il laissera faire, dit M. de Marande.

— C'est ce qu'il y a de plus prudent, répondit le général Lafayette.

Et tous deux, à partir de ce moment, tout en étudiant avec la plus profonde attention ce qui se passait autour d'eux, gardèrent le silence.

A cinq ou six pas du général et du banquier, après avoir recueilli avec respect quelques paroles que leur adressait Béranger, quatre jeunes gens de belle mine avaient fait un pas en arrière et causaient à voix basse juste au moment où le cercueil entrait dans l'église.

Ces quatre jeunes gens étaient nos quatre amis, Jean Robert, Ludovic, Pétrus et Justin.

Ils cherchaient des yeux au milieu de toute cette foule quelqu'un qu'ils s'attendaient à y trouver, et que, malgré leur investigation acharnée, ils n'y trouvaient pas.

Ils l'aperçurent enfin au nombre des quelques personnes qui avaient pu entrer à la suite du cercueil.

C'était Salvator.

Le jeune homme les aperçut, lui, du premier regard, et, fendant la foule, il alla droit à eux.

Il mit cependant un assez long temps à traverser l'intervalle qui le séparait des jeunes gens, car, tout le long de la route qu'il avait à faire, les mains s'étendaient par centaines pour serrer la sienne.

Il parvint cependant jusqu'aux pilastres, à la base desquels étaient appuyés les quatre amis.

Les quatre mains s'étendirent en même temps, et les jeunes gens formèrent un cercle au milieu duquel Salvator se trouva.

— Vous avez quelque chose à nous dire? demanda Jean Robert, qui avait lu une nuance d'inquiétude dans les yeux du jeune homme.

— Oui, et quelque chose de très important même, dit Salvator.

Puis, jetant autour de lui un regard de défiance :

— Quoi que vous voyiez, quoi que vous entendiez, si bonne que vous paraisse l'occasion, ne faites rien.

— Que va-t-il donc arriver? demanda Ludovic.

— Je l'ignore, dit Salvator, mais quelque chose comme une émeute.

— Un jour d'enterrement? demanda naïvement Justin.

Salvator sourit.

— Vous connaissez le proverbe, mon

cher Justin : « qui veut la fin veut les moyens. »

— Alors, pourquoi nous dites-vous de ne rien faire ?

— Parce qu'il y a émeute et émeute.

— Sans doute, répondit Ludovic, qui comprit le sens des paroles de Salvator ; il y a les émeutes que l'on fait, et les émeutes que l'on fait faire.

— Autrement dit, il y a des émeutes sans émeutiers, fit Jean Robert.

— Diable ! fit Pétrus, celles-là sont les plus dangereuses, à ce que j'ai toujours entendu dire à mon cher oncle.

— Et votre cher oncle est un homme de sens, monsieur Pétrus, fit Salvator.

Puis, se tournant vers Justin :

— Tenez-vous donc tranquille, mon cher Justin, et si l'on crie n'importe quoi à la sortie de l'église, soit *Vive la liberté de la presse!* soit *A bas les ministres!* soit toute autre chose, laissez crier ; si l'on se donne quelques tapes, laisser taper ; si l'on vous menace, ne vous rebiffez pas ; en un mot assistez à ce je ne sais quoi qui va s'accomplir, et que je sens dans l'air, avec le sangfroid d'un sourd, le calme d'un muet et l'impassibilité d'un aveugle.

— Soit, dit Justin avec un soupir et

comme un homme qui voit s'échapper à regret une première occasion de faire ses preuves.

Salvator comprit le mouvement du jeune homme, et en forme de consolation lui dit :

— Un peu de patience, cher ami, il se présentera avant peu quelque occasion plus propice. Rengaînez donc votre bonne volonté jusque-là ; provisoirement le plus profond silence. Nous en avons déjà trop dit, voyez les mines patibulaires qui nous entourent.

En effet, dans toutes les directions, près des jeunes gens comme loin d'eux, se promenaient avec lenteur et componction, pareils à des assistants pieux qui craignent de troubler le recueillement général par le bruit de leurs pas, un nombre indéfini de ces hommes qu'aucune toilette ne déguise aux yeux exercés, et qui produisent toujours, en se mettant au milieu de la bonne compagnie, l'effet que font, dans un drame ou dans un vaudeville, en se mêlant aux acteurs, les comparses qui représentent les invités à une noce ou à un repas.

Au milieu de ces hommes, comme un centre sur lequel se rattachaient tous les regards de ces étranges invités, se promenaient deux individus que nos lecteurs ne seront peut-être point fâchés de retrouver.

L'un, vêtu d'une longue lévite bleue, portant le ruban de chevalier de la Légion-d'Honneur, s'appuyant sur un rotin, comme un homme qu'une ancienne blessure force à chercher cette troisième jambe dont parle le sphinx d'Œdipe, semblait un ancien militaire.

L'autre, vêtu d'une redingote brune, avait l'honnête aspect d'un commerçant retiré.

En se parlant, ces deux hommes se donnaient pour toute qualification le titre de *voisins*.

Ces deux individus à mine placide n'étaient autres que nos vieilles connaissances, Gibassier et Carmagnole.

Maintenant, comment Carmagnole, qui était parti pour Vienne avec M. Jackal, et Gibassier, qui était parti tout seul pour Kheel, se trouvaient-ils réunis dans l'église de l'Assomption, prêts à donner le mot d'ordre à toute une armée d'agents qui inquiétait Salvator ?

C'est ce que nous allons dire à nos lecteurs.

IV

Steeple-Chase.

Le 27 mars, aux premières heures du matin, la petite ville de Keehl, si toutefois on peut appeler Keehl une ville, la petite ville de Keehl, disons-nous, avait été mise en rumeur par l'arrivée de deux chaises de poste, qui descendaient la seule rue de la ville avec une telle rapidité que l'on pouvait craindre qu'au moment d'enfiler le pont de bateaux qui conduit en France, le moindre manque de direction ne jetât chevaux, postillons, chaises de poste et voyageurs dans le fleuve au nom et aux légendes poétiques, qui sert, à l'est, de frontière à la France.

Cependant les deux chaises de poste qui semblaient lutter de vitesse ralentirent le pas aux deux tiers de la rue et finirent par s'arrêter devant la grande porte d'une auberge, au-dessus de laquelle grinçait une tôle représentant un homme coiffé d'un chapeau à trois cornes, chaussé de longues bottes, vêtu d'un habit bleu à revers rouges orné d'une queue gigantesque, et sous les pieds éperonnés duquel on pouvait lire ces trois mots :

Au Grand-Frédéric !

L'aubergiste et sa femme qui, au bruit du tonnerre lointain que faisaient les roues des deux voitures, étaient accourus sur le pas de leur porte et qui, en voyant la rapidité de deux voitures, avaient perdu l'espoir d'héberger des voyageurs brûlant le pavé d'une si terrible façon, l'aubergiste et sa femme, en voyant, à leur inexprimable satisfaction, les deux chaises de poste s'arrêter devant leur maison, s'élancèrent, l'aubergiste à la portière de la première voiture, la femme de l'aubergiste à la portière de la seconde.

De la première voiture sortit vivement un homme d'une cinquantaine d'années, vêtu d'une redingote bleue, boutonnée jusqu'au menton, d'un pantalon noir et d'un chapeau à larges bords. Il avait la moustache rude, l'œil ferme, le sourcil bien arqué, les cheveux coupés en brosse.

Le sourcil était noir comme l'œil qu'il ombrageait, mais cheveux et moustaches commençaient à grisonner.

Il était enveloppé d'un grand manteau.

De la seconde voiture, descendit avec

dignité un majestueux gaillard, vigoureusement bâti, autant qu'on en pouvait juger sous sa polonaise à brandebourgs d'or et sous son manteau hongrois, ou, pour dire le véritable nom du vêtement, sous sa *gouba* chargée de broderies, dans laquelle il était enveloppé de la tête aux pieds.

A voir cette riche pelisse, l aisance avec laquelle elle était portée, l'air digne de celui qui la portait, on eût offert de parier que le voyageur était quelque noble hospodar valaque, venant de Jaci ou de Bucharest, ou tout au moins quelque riche Maggyare arrivant de Pest et se rendant en France pour ratifier quelque note diplomatique. Mais on n'eût point tardé à voir qu'on avait perdu la gageure en dévisageant de près le noble étranger ; car, malgré les favoris épais qui encadraient son visage, malgré les deux immenses moustaches retroussées qu'il tordait en croc avec une insouciance affectée, on eût bien vite reconnu sous cette aristocratique apparence, des conditions premières de vulgarité qui eussent fait descendre l'inconnu du rang princier ou aristocratique qu'on lui avait accordé au premier abord, à celui d'intendant de grande maison ou d'officier de troisième ordre.

En en effet, de même que le lecteur a déjà sans doute reconnu M. Sarranti dans le voyageur descendant de la première voiture, de même il a, nous n'en doutons pas, reconnu maître Gibassier dans celui qui descendait de la seconde.

On se souvient que M. Jackal, parti avec Carmagnole pour Vienne, avait chargé Gibassier d'attendre M. Sarranti à Kehl. Gibassier s'était prélassé quatre jours à l'hôtel de la Poste, puis, le soir du cinquième, il avait vu poindre à l'horizon Carmagnole, lequel passait en courrier, et, en passant, le prévenait de la part de M. Jackal que M. Sarranti devait passer le lendemain, dans la matinée du 26, il eût, lui, Gibassier, à remonter jusqu'à Steinbach, où il trouverait une chaise de poste qui l'attendrait à l'hôtel du Soleil, et dans cette chaise de poste tous les déguisements nécessaires à l'exécution des ordres qu'il avait reçus.

Ces ordres étaient bien simples, mais pour être bien simples n'en étaient pas plus faciles à exécuter.

Ils consistaient à ne pas perdre de vue M. Sarranti, à se cramponner à lui comme son ombre pendant toute la route, et arrivé à Paris, à s'attacher à sa personne, et tout cela si adroitement, que Sarranti ne pût prendre aucun soupçon.

M. Jackal s'en rapportait à l'habileté bien connue de Gibassier à changer de costume et de figure.

Gibassier était parti à l'instant même pour Steinbach, avait trouvé l'hôtel, dans l'hôtel la voiture, et dans la voiture tout un assortiment de costumes, parmi lesquels il avait choisi, comme le plus chaud pour le voyage, celui dont nous l'avons vu affublé au moment où il a reparu à nos yeux.

Mais, à son grand étonnement, la journée du 26 s'était écoulée et une partie de la nuit avait suivi la journée sans qu'il eût vu paraître aucun voyageur dont le signalement s'accordât avec celui qui lui était donné.

Enfin, vers deux heures du matin, il avait entendu les claquements d'un fouet et les tintements de grelots. Il avait fait mettre les chevaux à sa chaise, n'était resté que le temps de s'assurer que le voyageur annoncé par le double bruit était bien M. Sarranti, et à peu près certain qu'il tenait son homme, il avait ordonné au postillon de partir en marchant au train ordinaire.

Dix minutes après lui, M. Sarranti, qui

ne s'était arrêté que le temps nécessaire à changer de chevaux et à prendre un bouillon, était parti à son tour, courant après celui qui était chargé de le suivre.

Ce qu'avait prévu Gibassier arriva. A deux lieues de Steinbach il avait été rejoint par M. Sarranti. Mais comme les réglements de la poste ne veulent pas qu'un voyageur dépasse l'autre sans la permission de celui-ci, attendu qu'il pourrait prendre au prochain relais les seuls chevaux de l'écurie, les deux voitures se suivirent pendant quelque temps sans que la seconde osât dépasser la première. Enfin, M. Sarranti, impatienté, avait fait demander à Gibassier la permission de le primer. La permission avait été accordée avec une courtoisie qui avait fait que M. Sarranti était descendu lui-même de voiture pour venir remercier le gentilhomme hongrois, après quoi on s'était salué de part et d'autre, M. Sarranti était remonté dans sa voiture, et, fort de la permission, était parti comme le vent.

Gibassier l'avait suivi, mais, cette fois, en recommandant au postillon, quelque train qu'allât M. Sarranti, de marcher du même train que lui.

Le postillon avait obéi, et nous avons vu les deux chaises de poste entrer au grand galop dans la ville de Keehl et s'arrêter à l'hôtel du *Grand-Frédéric*.

Apres s'être salués courtoisement, mais

sans échanger une seule parole, les deux voyageurs étaient entrés dans l'auberge, avaient gagné la salle à manger, s'étaient assis chacun à une table et avaient demandé à déjeûner, M. Sarranti en excellent français, Gibassier avec un accent allemand très prononcé.

Toujours silencieux, Gibassier avait dédaigneusement goûté à tous les plats qu'on lui avait servis, et, après avoir payé sa dépense, voyant M. Sarranti se lever, il s'était levé à son tour et avait lentement et silencieusement regagné la voiture.

Les deux chaises de poste avaient alors repris leur course effrénée, la voiture de M. Sarranti précédant toujours celle de

Gibassier, mais d'une vingtaine de pas seulement.

Au moment d'arriver vers le soir à Nancy, le postillon de M. Sarranti, qui, premier garçon de noces d'un de ses cousins, avait trouvé assez mal plaisant de quitter le dîner pour un relais de onze lieues aller et retour, le postillon de M. Sarranti, prévenu par son camarade que son voyageur désirait aller vite et payait bien, avait fait prendre à ses chevaux un galop enragé, grâce auquel il eût gagné une bonne heure et demie sur les deux postes, et fût revenu à temps pour ouvrir le bal, si, au moment d'arriver le soir à Nancy, comme nous disions, chevaux, postillon et voiture n'eussent dans une descente rapide, fait une si effrayante culbute, qu'un cri de douleur s'échappa de la poitrine du sensible Gibassier, qui s'élança de sa chaise de poste pour porter secours à M. Sarranti.

Gibassier agissait ainsi pour l'acquit de sa conscience, car, après la culbute qu'il venait de voir faire à la voiture, il avait la conviction que le voyageur qu'elle renfermait avait plus besoin des consolations d'un prêtre que des secours d'un compagnon de voyage.

A son grand étonnement, il trouva M. Sarranti sain et sauf. Le postillon lui-même n'avait qu'une épaule démise et un pied foulé. Mais si la Providence, en bonne mère qu'elle était, avait sauvegardé les hommes, elle avait pris sa revanche, à l'endroit des bêtes et de la voiture.

Un des chevaux était tué raide, le second paraissait avoir la cuisse cassée. Un des essieux de la voiture était brisé, et tout un côté de la caisse, celui sur lequel on avait versé, était en canelle.

On ne pouvait donc sérieusement songer à se remettre en route.

M. Sarranti poussa quelques jurons qui ne révélaient pas un caractère d'une patience angélique. Mais il fallait en prendre son parti, ce que, bien à contre-cœur, il allait faire sans doute, si le Maggyare Gibassier, dans un langage moitié français, moitié allemand, mais qui, en réalité, n'était ni l'un ni l'autre, n'eût offert à son malheureux compagnon de route une place dans sa voiture.

L'offre était si opportune et en même temps semblait faite de si bon cœur, que M. Sarranti n'hésita point à accepter. On transborda le bagage de la première voiture dans la seconde, on promit au postillon de lui envoyer du secours de Nancy, dont on n'était plus qu'à une petite lieue, et l'on se remit en route avec la même vitesse.

Les premiers compliments offerts et reçus, Gibassier, qui n'était pas certain de parler le pur allemand, et qui redoutait que M. Sarranti, si Corse qu'il fût, ne connût à fond cet idiôme, Gibassier avait soigneusement évité toute interrogation, se contentant de répondre aux paroles de politesse de son compagnon par des *oui* et *non* dont l'accent se rapprochait de plus en plus de la langue française.

On arriva à Nancy à l'hôtel du *Grand-Stanislas,* qui est en même temps celui de la Poste.

M. Sarranti descendit de voiture, renouvela ses remercîments à son compagnon le Maggyare, et voulut se retirer.

— Vous avez tort, monsieur, dit Gibassier, vous m'avez l'air pressé d'arriver à Paris, votre voiture ne sera point raccommodée avant demain et vous perdrez un jour.

— Cela me contrarierait d'autant plus, dit Sarranti, que même accident m'est déjà arrivé en sortant de Ratisbonne et que j'ai perdu vingt-quatre heures.

Gibassier s'expliqua seulement alors le retard qui l'avait tant inquiété à Steinbach.

— Mais, continua M. Sarranti, je n'attendrai pas que ma voiture soit raccommodée, j'en achèterai une autre.

Et en effet, il donna l'ordre au maître

de poste de lui trouver une voiture, quelle qu'elle fût, calèche, coupé, landau ou même cabriolet, avec laquelle il pût continuer sa route à l'instant même.

Gibassier pensa que si rapidement que la voiture fût trouvée, il aurait bien le temps de dîner pendant que son compagnon de route l'examinerait, en discuterait le prix et y ferait charger ses bagages. Il n'avait rien pris depuis le matin huit heures, à Kéehl, et, quoique son estomac pût, dans un cas extrême, rivaliser de frugalité avec celui du chameau, justement parce que ce cas pouvait se présenter, le prudent Gibassier ne laissait jamais, quand elle s'offrait, échapper l'occasion de le ravitailler.

Sans doute M. Sarranti, de son côté, jugea à propos de prendre les mêmes précautions que le digne Maggyaré, car tous deux, comme ils avaient fait le matin, s'asseyant chacun à une table différente, sonnèrent pour appeler le garçon, et, avec une intonation qui indiquait une louable unanimité d'opinions, se contentèrent de prononcer ces trois mots :

— Garçon, un dîner !

V

L'hôtel du Grand-Turc, place Saint-André-des-Arcs.

Pour ceux qui s'étonneraient de ne pas avoir vu M. Sarranti accepter l'offre si acceptable pour un homme pressé que lui faisait Gibassier, nous dirons que s'il est quelqu'un de plus fin en général que l'agent de police qui poursuit un homme, si fin que soit cet agent de police, c'est l'homme qui est poursuivi.

Voyez le renard et le lévrier.

Il était donc entré dans l'esprit de M. Sarranti quelques vagues soupçons à l'endroit de ce Maggyare qui parlait si mal le français, et qui cependant, lorsqu'on lui parlait français, répondait assez intelligemment à tout ce que l'on pouvait lui dire, et qui, au contraire, quand on lui parlait allemand, polonais ou valaque, trois langues que M. Sarranti parlait à merveille, répondait à tort et à travers *ia* ou *nein*, se renfermant immédiatement dans sa gouba et faisant semblant de dormir.

Il en résultait que, mal à l'aise, grâce à ces soupçons, pendant la lieue et demie qu'il avait faite avec lui, à partir de l'endroit où la voiture s'était brisée jusqu'à l'hôtel où il venait de commander son dîner, M. Sarranti était résolu, coûte que coûte, à se passer du secours de son complaisant, mais silencieux compagnon de route.

Voilà pourquoi il avait demandé une voiture, ne pouvant pas attendre que la sienne fût raccommodée, et ne voulant plus prendre place dans celle du noble Hongrois.

Gibassier était trop fin pour ne pas s'être aperçu de cette défiance. Aussi, tout en dînant, ordonna-t-il, vu le besoin qu'il avait d'arriver à Paris le lendemain, y étant impatiemment attendu par l'ambassadeur d'Autriche, que l'on mît les chevaux à la voiture.

Les chevaux mis à la voiture, Gibassier salua Sarranti avec un magnifique haut-le-corps, enfonça son bonnet fourré sur ses oreilles et sortit.

Pressé comme il l'était de son côté, il était probable que M. Sarranti suivrait la route directe au moins jusqu'à Ligny. Là sans doute il laisserait Bar-le-Duc sur sa droite, et, par la route d'Ancerville, gagnerait Saint-Dizier et Vitry-le-Français.

Seulement, à Vitry-le-Français, il y

avait doute. M. Sarranti, arrivé à Vitry-le-Français, prendrait-il par Châlons en décrivant une ligne courbe, ou filerait-il directement par La Fère champenoise, Coulommiers, Crécy et Ligny?

C'était une question qui ne pouvait se décider qu'à Vitry-le-Français.

Gibassier indiqua donc son chemin par Toul, Ligny, Saint-Dizier.

Seulement, à une demi-lieue de Vitry, il s'arrêta et eut avec son postillon une conférence de quelques minutes, au bout de laquelle la voiture se trouva renversée sur le flanc avec son essieu de devant brisé.

Il était depuis une demi-heure à peu près dans cette triste position si bien connue, et qui, par conséquent, devait être si bien appréciée de M. Sarranti, lorsque la chaise de poste de celui-ci parut au haut d'une montée.

En approchant de la voiture renversée, M. Sarranti sortit la tête de sa portière, et vit sur la route son Maggyare qui faisait, avec l'aide du postillon, d'inutiles efforts pour mettre sa chaise en état de continuer sa route.

C'eût été, de la part de M. Sarranti, manquer à tous les devoirs de la politesse, que de laisser Gibassier dans un tel embarras, quand, en une circonstance semblable, Gibassier s'était mis, lui et sa voiture, à sa disposition.

Il lui offrit donc, à son tour, de monter près de lui, ce que Gibassier accepta avec une remarquable discrétion, fixant à Vitry-le-Français le terme de l'embarras qu'il consentait à causer à son excellence M. de Bornis.

C'était le nom sous lequel voyageait M. Sarranti.

On transporta sur la voiture de M. de Bornis la malle gigantesque du Maggyare, et l'on prit la route de Vitry-le-Français, où l'on entrait vingt minutes après.

On s'arrêta à la poste.

M. de Bornis demanda des chevaux, Gibassier une carriole quelconque pour continuer son chemin.

Le maître de poste lui montra sous sa remise un vieux cabriolet qui, tout vieux qu'il fût, parut satisfaire aux exigences de Gibassier.

M. de Bornis, tranquillisé sur le sort de son compagnon, prit congé de lui et donna ordre, comme l'avait pensé Gibassier, de suivre la route de La Fère champenoise.

Gibassier termina son marché avec le maître de poste et partit, commandant au postillon de suivre la même route que venait de prendre le voyageur qui le précédait.

Il y avait cinq francs pour le postillon au moment où l'on apercevrait la voiture.

Le postillon lança ses chevaux à fond de train, mais on arriva au relais sans avoir rien vu.

Au relais, on interrogea maître de poste et postillon. Aucune chaise de poste n'avait passé depuis la veille.

La chose était claire. Sarranti se défiait. Il avait indiqué la route de La Fère champenoise et avait pris celle de Châlons.

Gibassier était distancé.

Il n'y avait pas une minute à perdre pour arriver à Meaux avant Sarranti.

Gibassier laissa là le cabriolet, tira de sa malle un costume complet de courrier de cabinet bleu et or, passa une culotte de peau, des bottes molles, jeta sur son dos le sac aux dépêches, se débarrassa de sa barbe et de ses moustaches, et demanda un bidet de poste.

En un instant, le bidet de poste fut sellé, et Gibassier sur la route de Sésanne. Il comptait rejoindre Meaux par la Ferté-Gaucher et Coulommiers.

Il ne s'arrêta ni pour boire ni pour manger, fit trente lieues d'une traite et arriva à la porte de Meaux.

Aucune chaise de poste, ressemblant à

celle que décrivait Gibassier, n'était passée.

Gibassier s'arrêta, se fit servir à dîner dans la cuisine, mangea, but et attendit.

Un cheval tout sellé attendait aussi.

Au bout d'une heure, la voiture attendue avec tant d'impatience arriva.

Il faisait nuit close.

M. Sarranti se fit porter un bouillon dans sa voiture et donna ordre de marcher sur Paris par Claye.

C'était tout ce qu'il fallait à Gibassier.

Il sortit par la porte de la cour, enfourcha son cheval, et contournant une ruelle, il gagna la grande route de Paris.

Au bout de dix minutes, il vit briller derrière lui les deux lanternes de la chaise de poste de M. Sarranti.

C'était désormais tout ce qu'il lui fallait. Il voyait et n'était pas vu.

Il s'agissait de ne pas être entendu, non plus que vu.

Il prit le bas côté du chemin, galopant toujours à un kilomètre en avant de la voiture.

On arriva à Bondy.

Là, en un tour de main, le courrier de cabinet fut métamorphosé en postillon, et, moyennant cinq francs, le postillon qui devait marcher lui céda son tour avec reconnaissance.

M. Sarranti arriva.

Si près de Paris, ce n'était point la peine de s'arrêter.

Il passa la tête et demanda des chevaux.

— Voilà, notre maître, répondit Gibassier, et des fameux.

En effet, c'étaient deux de ces braves

chevaux blancs du Perche, qui sont toujours hennissant et se battant.

— Vous tiendrez-vous tranquilles, carognes que vous êtes, cria Gibassier en leur faisant prendre place au timon avec l'adresse d'un postillon consommé.

Puis, les chevaux attelés :

— Où descendrez-vous, notre bourgeois? demanda le faux postillon à la portière de la voiture et le chapeau à la main.

— Place Saint-André-des-Arcs, *hôtel du Grand-Turc*, dit M. Sarranti.

— Bon, dit Gibassier, c'est comme si vous y étiez.

— Et quand y serons-nous? demanda M. Sarranti.

— Oh! fit Gibassier, dans une heure un quart ça brûlera.

— Allons, vite, dix francs de pour-boire si nous y sommes dans une heure.

— On y sera, bourgeois.

Et Gibassier enjamba le porteur et partit au galop.

Cette fois il était bien sûr que Sarranti ne lui échapperait pas.

On arriva à la barrière. Les douaniers

firent cette rapide visite dont ils honorent les voyageurs qui voyagent en poste, prononcèrent les paroles sacramentelles *allez*, et M. Sarranti, qui, sept ans auparavant, était sorti de Paris par la barrière de Fontainebleau, y rentra par celle de la Petite-Villette.

Un quart d'heure après, on entrait au grand trot dans la cour de l'*hôtel du Grand-Turc*, place Saint-André-des-Arcs.

Il n'y-avait de vacant à l'hôtel que deux chambres situées en face l'une de l'autre sur le même palier : le nº 6 et le nº 11.

Le garçon conduisit M. Sarranti, qui choisit le nº 6.

Le garçon descendit.

— Dites donc, l'ami, fit Gibassier.

— Qu'y a-t-il, postillon? demanda dédaigneusement le garçon.

— Postillon! postillon! répéta Gibassier, certainement que je suis postillon. Après, est-ce qu'il y a du déshonneur à cela?

— Mais non, que je sache; seulement, je vous appelle postillon parce que vous êtes postillon.

— A la bonne heure! et il fit en grommelant deux pas du côté des chevaux.

— Eh bien, demanda le garçon, que me vouliez-vous?

— Moi! rien.

— C'est que vous disiez tout à l'heure...

— Quoi?

— Dites donc, l'ami.

— Ah! c'est vrai. Eh bien, voilà la chose, M. Poirier, vous le connaissez bien...

— Quel M. Poirier?

— M. Poirier, donc.

— Je ne connais pas M. Poirier.

— M. Poirier, le fermier de chez nous,

vous ne le connaissez pas? M. Poirier, qui a un troupeau de quatre cents bêtes; vous ne connaissez pas M. Poirier?...

— Je vous dis que je ne le connais pas.

— Tant pis; il va venir par la voiture de onze heures, la voiture du *Plat-d'Etain*. Vous la connaissez bien, la voiture du *Plat-d'Etain*?...

— Non.

— Alors vous ne connaissez donc rien? Qu'est-ce que vos père et mère vous ont donc appris, si vous ne connaissez ni M. Poirier, ni la voiture du *Plat-d'Etain*. Ah! il faut convenir qu'il y a des parents qui sont bien fautifs!

— Enfin, où en voulez-vous venir avec M. Poirier?

— Ah! je voulais vous donner cent sous de sa part; mais si vous ne le connaissez pas...

— On peut faire connaissance.

— Si vous ne le connaissez pas...

— Mais enfin, pourquoi faire ces cent sous? il ne me donnait pas cent sous pour mes beaux yeux...

— Non, attendu que vous louchez, mon ami.

— Mais enfin, pourquoi était-ce que

M. Poirier vous avait chargé de me donner cent sous?

— Pour lui retenir une chambre dans l'hôtel, attendu qu'il a affaire pour affaires dans le faubourg Saint-Germain, et il m'a dit : Charpillon ! — C'est mon nom, Charpillon, et de père en fils...

— J'en suis bien aise, monsieur Charpillon, dit le garçon.

— Il m'a dit : Charpillon, tu donneras cent sous à la fille de l'*hôtel du Grand-Turc*, place Saint-André-des-Arcs, afin qu'elle me retienne une chambre. Où est la fille?

— C'est inutile, je lui retiendrai aussi bien la chambre qu'elle.

— Eh non! puisque vous ne le connaissez pas...

— Je n'ai pas besoin de le connaître pour lui retenir une chambre.

— Tiens, c'est vrai, vous n'êtes pas encore si bête que vous en avez l'air, vous!

— Merci!

— Voilà les cent sous, vous le reconnaîtrez bien quand il viendra.

— M. Poirier?

— Oui.

— Surtout s'il dit son nom?

— Oh! il le dira, il n'a pas de raisons de le cacher, son nom.

— Alors on le conduira à la chambre n° 11.

— Quand vous verrez un gros réjoui de bonne mine, avec un cache-nez qui lui couvre la moitié du visage, et une redingote de castorine marron, vous pourrez dire hardiment : Voilà M. Poirier! Et sur ce, bonne nuit, chauffez bien le n° 11, attendu que M. Poirier est très frileux... Ah! et puis, attendez donc, je crois que cela ne lui ferait pas de peine de trouver un bon souper dans sa chambre.

— Bon! dit le garçon.

— Et moi qui oubliais, dit le faux Charpillon...

— Quoi ?

— Le principal. Il ne boit que du vin de Bordeaux.

— Bon, il trouvera une bouteille de vin de Bordeaux sur sa table.

— Alors il n'aura plus rien à désirer que d'avoir des yeux comme les tiens, afin de pouvoir regarder du côté de Bondy si Charenton brûle.

Et avec un grand éclat de rire qui attestait du plaisir que lui causait cette fine plaisanterie, le faux postillon sortit de *l'hôtel du Grand-Turc.*

Un quart d'heure après, un cabriolet

s'arrêtait à la porte de l'hôtel. Un homme en descendait sous le signalement indiqué par Charpillon, et, s'étant fait reconnaître pour ce même M. Poirier que l'on attendait, était conduit par le garçon, avec force révérences, à la chambre n° 11, où un bon souper était servi, et où une bouteille de vin de Bordeaux atteignait, placée à une savante distance du feu, ce degré de tiédeur que lui donnent, avant de la déguster, les véritables gourmets.

VI

On n'est jamais trahi que par les siens.

Cinq minutes après, M. Poirier était établi dans la chambre n° 11, et en connaissait tous les coins et recoins comme s'il eût habité cette chambre toute sa vie.

M. Poirier était le caractère qui faisait

le plus vite connaissance avec les hommes, et le tempérament qui se familiarisait le plus vite avec les lieux.

Seulement, il déclara au garçon qu'il n'avait besoin de personne pour le servir, qu'il aimait manger seul et tranquillement, sans avoir quelqu'un qui lui remplît son verre avant qu'il fût vide, ou lui enlevât son assiette tandis qu'elle était encore pleine.

Une fois seul, et lorsqu'il eut entendu s'éteindre dans l'escalier les pas du garçon, le faux Poirier ou le vrai Gibassier, comme on voudra, rouvrit sa porte.

Juste au même moment M. Sarranti, de son côté, ouvrait la sienne.

Gibassier tint sa porte non pas fermée, mais poussée contre le chambranle.

M. Sarranti donnait à la fille de chambre qui venait de faire son lit quelques ordres qui indiquaient que dans une heure ou deux il serait de retour.

— Oh! oh! dit Gibassier, il paraît que, malgré l'heure avancée, voici mon voisin qui va faire un petit tour. Voyons de quel côté il s'acheminera.

Gibassier éteignit les deux bougies qui brûlaient sur sa table, et ouvrit sa fenêtre avant que M. Sarranti eût franchi le seuil de la porte de la rue.

Un instant après, il le vit sortir et prendre la rue Saint-André-des-Arcs.

— Je suis bien sûr qu'il reviendra, dit-il, puisqu'il ne pouvait deviner que j'étais là à écouter les ordres qu'il donnait. Mais bah ! pas de paresse, faisons notre métier en conscience et sachons où il va.

Il descendit rapidement et le suivit à travers la rue de Bussy, le marché Saint-Germain, la place Saint-Sulpice, la rue du Pot-de-Fer, où il le vit entrer dans une maison, sans même regarder le numéro.

Gibassier fut plus curieux que lui. M. Sarranti était entré au numéro 28.

Gibassier remonta la rue, s'effaça le long de l'hôtel Cossé-Brissac et attendit.

Il n'attendit pas longtemps. M. Sarranti ne fit qu'entrer et sortir.

Mais alors, au lieu de descendre la rue du Pot-de-Fer, il la remonta, c'est-à-dire qu'il passa devant Gibassier, qui se retourna prudemment et pudiquement du côté du mur, et prit la rue de Vaugirard.

Là, après avoir suivi quelque temps cette rue, avoir longé le théâtre de l'Odéon, du côté de l'entrée des acteurs, avoir traversé la place Saint-Michel, il s'enfonça dans la rue des Postes, et arriva devant une maison dont, cette fois, il regarda le numéro

Cette maison, nos lecteurs la connaissent déjà, ou s'ils ne la reconnaissent pas, ils vont la reconnaître a première désignation. Située à côté de l'impasse des

Vignes, et en face de la rue du Puits-qui-Parle, elle n'était autre que cette espèce de gobelet magique par lequel, pareils à des muscades, avaient disparu ces carbonari cherchés si inutilement par M. Jackal dans la maison et si miraculeusement retrouvés par lui dans sa périlleuse descente, près de Gibassier.

L'ex-forçat frissonna en apercevant cette fameuse rue du Puits-qui-Parle, et dans cette rue le puits où il avait passé de si longues et si tristes heures. Un vague frisson lui passa par tout le corps et une sueur froide mouilla son front. Pour la première fois depuis son départ de l'Hôtel-Dieu pour Keehl, il éprouva une douloureuse impression.

La rue était solitaire. M. Sarranti, arrivé devant la maison s'arrêta, attendant sans doute pour entrer les quatre autres compagnons nécessaires à l'introduction qui, on se le rappelle, avait lieu cinq par cinq.

Bientôt trois hommes enveloppés de manteaux apparurent, vinrent droit à M. Sarranti, et après avoir échangé le signe de reconnaissance, tous quatre attendirent le cinquième.

Gibassier regarda autour de lui pour voir si le cinquième n'arrivait pas, et n'en voyant pas même poindre l'ombre, il jugea que c'était le moment de faire un coup de maître.

Initié par M. Jackal aux mystères de

cette maison, familier avec les signes maçonniques de toutes les sociétés secrètes, il marcha droit au groupe, prit la première main étendue vers lui, et fit le signe de reconnaissance.

Ce signe consistait à tourner trois fois la main de dedans en dehors.

Alors un des hommes mit la clé dans la serrure, et ils entrèrent tous cinq.

L'intérieur de la maison était réparé et repeint de manière à ne laisser aucune trace du passage de Carmagnole à travers la muraille, et de la chute de Vol-au-Vent à travers les châssis.

Cette fois il n'était pas même question

de descendre dans les Catacombes. Quatre chefs inconnus les uns aux autres avaient été convoqués pour recevoir les confidences de M. Sarranti.

M. Sarranti leur annonça qu'avant trois jours le duc de Reichstadt serait à Saint-Leu-Taverny, où il resterait caché jusqu'au moment où l'on aurait besoin de montrer au peuple le drapeau au nom duquel on se soulevait.

Comme l'habitude des affiliés était de profiter, pour dérouter la police, de chaque occasion qui se présentait de se réunir, il fut convenu que le convoi de M. le duc de Larochefoucauld devant avoir lieu le lendemain, toutes les loges et toutes les ventes se trouveraient soit dans l'église de l'Assomption, soit dans les rues environnantes.

Là, on recevrait les dernières instructions de la haute-vente.

En tout cas, jusqu'à l'arrivée du duc de Reichstadt, un comité demeurait en permanence.

On se sépara à une heure du matin.

Gibassier n'avait qu'une crainte, c'était de rencontrer en sortant l'affilié dont il avait pris la place.

Il n'y était pas

Sans doute était-il venu, mais ne voyant pas arriver ses quatre compagnons, il s'était ennuyé de les attendre, et croyant l'affaire remise, il était rentré chez lui.

M. Sarranti quitta ses quatre compagnons à la porte, et Gibassier, ne doutant point qu'il rentrât à l'hôtel du *Grand-Turc*, disparut à l'angle de la première rue, et prenant ses jambes à son cou, le précéda de dix minutes, rentra, se mit à table et mangea avec la faim d'un voyageur qui a fait trente-cinq à quarante lieues à franc-étrier et la satisfaction d'un homme qui a consciencieusement rempli son devoir.

Aussi reçut-il la douce récompense de toutes ses peines en entendant dans l'escalier le pas de M. Sarranti, qu'il avait déjà étudié de façon à le reconnaître entre mille.

La porte du numéro 6 s'ouvrit et se referma.

Puis Gibassier entendit le grincement de la clé qui tournait deux fois dans la serrure.

C'était un signe certain que M. Sarranti était rentré pour ne plus sortir, au moins jusqu'au lendemain matin.

— Bonne nuit, cher voisin, murmura-t-il.

Puis il sonna le garçon.

Le garçon parut.

— Vous ferez entrer chez moi demain matin ou plutôt aujourd'hui à sept heures, dit Gibassier en se reprenant, un commissionnaire. Il aura une lettre très pressée à porter en ville.

— Si monsieur veut me donner la lettre, dit le garçon, on ne le réveillera pas pour si peu de chose.

— D'abord, dit Gibassier, ma lettre n'est pas peu de chose. Puis, ajouta-t-il, je ne serais pas fâché d'être réveillé de bonne heure.

Le garçon s'inclina en signe d'obéissance

et enleva le couvert. Seulement Gibassier le pria de laisser dans la chambre un magnifique poulet froid et ce qui restait de sa seconde bouteille de vin de Bordeaux, disant que, comme le roi Louis XIV, il n'aimait point dormir sans avoir un *en cas* à la portée de sa main.

Le garçon posa sur la cheminée le poulet intact et la bouteille entamée.

Puis il se retira, promettant de faire entrer le commissionnaire à sept heures précises du matin.

Le garçon sorti, Gibassier ferma sa porte à son tour, ouvrit le secrétaire, dans lequel il s'était d'avance assuré de trouver une plume, de l'encre et du papier, et se mit, à l'intention de M. Jackal, à écrire ses impressions de voyage depuis Kehl jusqu'à Paris.

- Après quoi, il se coucha.

A sept heures, le commissionnaire frappait à la porte.

Gibassier, déjà levé, déjà habillé, déjà prêt à entrer en campagne, cria :

— Entrez.

Le commissionnaire entra.

Gibassier jeta un rapide coup d'œil sur lui et reconnut, avant même qu'il eût prononcé un seul mot, l'auvergnat pur sang.

Il pouvait en toute confiance lui remettre son message.

Il lui donna douze sous au lieu de dix, lui expliqua tous les détours du palais de la rue de Jérusalem, le prévint que la personne à laquelle la lettre était adressée devait être arrivée le matin même d'un grand voyage ou arriverait dans la journée.

Si la personne était arrivée, il lui remettrait la lettre en mains propres de la part de M. Bagnères de Toulon. C'était le nom aristocratique de Gibassier.

Si la personne n'était point arrivée, il laisserait la lettre à son secrétaire.

L'auvergnat partit complètement renseigné.

Une heure s'écoula. La porte de M. Sarranti restait fermée.

Seulement, on l'entendait aller, venir et remuer les meubles dans sa chambre.

Gibassier, pour faire quelque chose, résolut de déjeûner.

Il sonna le garçon, se fit mettre son couvert, servir son poulet et son reste de vin de Bordeaux, et renvoya le garçon.

Gibassier avait déjà enfoncé sa fourchette dans la cuisse de son poulet, il avait déjà approché son couteau du joint de l'aile dans l'articulation duquel il s'apprêtait à le faire glisser, quand la porte de son voisin grinça sur ses gonds.

— Diable! fit-il en se levant, il me semble que nous sortons de bien bonne heure.

Ses yeux se portèrent sur la pendule. Elle marquait huit heures un quart.

— Eh! eh! fit-il, pas de si bonne heure déjà.

M. Sarranti descendit l'escalier.

Comme la veille, Gibassier courut à sa fenêtre, mais sans l'ouvrir cette fois, écartant seulement les rideaux.

Mais il attendit vainement, M. Sarranti ne parut pas sur la place.

— Oh! oh! dit Gibassier, que fait-il donc en bas? réglerait-il son compte? car il est impossible qu'il soit sorti si vite que je sois trop tard arrivé à la fenêtre.

— A moins, pensa-t-il, qu'il n'ait longé la muraille, en ce cas même il ne saurait être loin.

Et Gibassier, ouvrant rapidement la fenêtre, se pencha en dehors pour explorer la place en tous sens.

— Rien qui ressemblât à M. Sarranti.

Il attendit quatre ou cinq minutes environ, et ne pouvant deviner pourquoi M. Sarranti ne sortait point, il s'apprêtait à descendre pour demander de ses nouvelles, lorsque enfin il le vit franchir le seuil de la porte et se diriger, comme la veille, vers la rue Saint-André-des-Arcs.

— Je me doute bien où tu vas, murmura Gibassier. Tu vas rue du Pot-de-Fer. Tu as trouvé visage de bois hier, et tu vas voir si tu seras plus heureux ce matin. Je pourrais bien me dispenser de te suivre, mais le devoir avant tout.

Et Gibassier, prenant son chapeau et

son cache-nez, descendit, laissant son poulet intact, en reconnaissant la bonté de la Providence, qui lui imposait cette petite course matinale pour lui ouvrir l'appétit.

Mais, à sa grande stupéfaction, il fut arrêté sur la dernière marche de l'escalier par un homme qu'à sa figure et à son air il reconnut à l'instant même pour un agent subalterne de la police.

— Vos papiers? lui demanda celui-ci.

— Mes papiers? répéta Gibassier stupéfait.

— Pardieu, répéta l'agent, vous savez

bien que, pour loger en hôtel garni, il faut des papiers.

— C'est juste, dit Gibassier, seulement je ne croyais pas que, pour venir de Bondy à Paris, on eût besoin de passe-port.

— Si on a son appartement à Paris ou si on loge chez un ami, non ; mais si on loge en hôtel garni, oui.

— Oh! c'est juste, dit Gibassier, qui savait mieux que personne, par l'expérience qu'il en avait faite dans le passé, la nécessité d'un passe-port pour trouver un gîte ; aussi, on va vous les montrer, ses papiers.

Et il fouilla dans toutes les poches de sa castorine.

Les poches de la castorine de Gibassier étaient vides.

— Que diable ai-je donc fait de mes papiers? dit-il.

L'agent fit un geste que l'on pouvait traduire par ces mots :

— Du moment où un homme ne trouve pas ses papiers tout de suite, il ne les trouve jamais.

Et d'un geste il recommanda la surveillance à deux hommes vêtus de redingotes noires, et portant de grosses cannes, qui attendaient sous la grande porte de l'auberge.

— Ah! mordieu, dit Gibassier, je sais ce que j'en ai fait de mes papiers.

— Ah! tant mieux, fit l'agent.

— Je les ai laissés à l'hôtel de la Poste de Bondy, quand j'ai quitté mon déguisement de courrier pour prendre mon costume de postillon.

— Hein? fit l'agent.

— Oui, dit Gibassier en riant, heureusement que je n'en ai pas besoin de papiers.

— Comment, vous n'en avez pas besoin ?

— Non !

Puis, s'approchant de l'oreille de l'agent :

— Je suis des vôtres, dit-il.

— Comment, vous êtes des nôtres ?

— Oui, laissez-moi donc passer.

— Ah ! ah ! vous êtes pressé à ce qu'il paraît ?

— Je suis quelqu'un, dit Gibassier d'un air de connivence et en clignant de l'œil.

— Vous suivez quelqu'un ?

— Je suis un conspirateur et des plus dangereux.

— Vraiment ! et où est ce quelqu'un ?

— Parbleu, vous avez dû le voir, c'est l'homme qui vient de descendre ; cinquante ans, moustaches grisonnantes, cheveux coupés en brosse, tournure militaire. Vous ne l'avez pas vu ?

— Si fait, je l'ai vu.

— Eh bien ! alors, dit Gibassier riant toujours, c'était lui qu'il fallait arrêter et non pas moi.

— Oui, mais comme lui avait ses papiers, et parfaitement en règle, je l'ai laissé passer, et comme vous n'avez pas les vôtres, je vous arrête.

— Comment ! vous m'arrêtez ?

— Sans doute, est-ce que vous croyez que je vais me gêner pour cela ?

— Vous m'arrêtez, moi ?

— Oui, vous.

— Moi, agent particulier de M. Jackal ?

— La preuve ?

— Bon, la preuve, je vous la donnerai, et ce ne sera pas difficile.

— Donnez-la alors.

— Mais en attendant, s'écria Gibassier, mon homme se sauve peut-être...

— Oui, je comprends, et vous ne seriez pas fâché d'en faire autant que lui.

— Moi, me sauver. Ah ! par exemple, pourquoi faire, on voit bien que vous ne me connaissez pas ; me sauver, non, je trouve ma nouvelle position trop agréable...

— Allons ! allons ! dit l'agent, assez de paroles comme cela.

— Comment, assez de paroles comme...

— Oui, suivez-nous, ou bien...

— Ou bien quoi ?

— Ou bien on ira requérir la force armée.

— Mais puisque je vous dis, répéta Gibassier écumant de colère, que j'appartiens à la police particulière de M. Jackal.

— L'agent le regarda d'un air de mépris qui voulait dire :

— Fat que vous êtes !

Et il haussa les épaules, en faisant signe aux deux hommes en redingote noire de venir à son aide.

Ceux-ci s'avancèrent en hommes dressés à cet exercice.

— Prenez garde, mon ami, dit Gibassier.

— Je ne suis pas l'ami des gens qui n'ont pas de papiers, dit l'agent.

— M. Jackal vous punira sévèrement.

— Ma consigne est de conduire à la Préfecture de Police les voyageurs qui n'ont pas de passe-port; vous n'avez pas de passe-port, je vous conduis à la Préfecture de Police, rien de plus simple que cela.

— Mais, sacrebleu! je vous dis...

— Montrez votre œil

— Mon œil, dit Gibassier, c'est bon pour des agents subalternes comme vous d'avoir un œil, mais moi...

— Oui, vous en avez deux, vous, je comprends, eh bien cela fait que vous reconnaîtrez mieux le chemin que nous allons suivre. En route !

— Vous le voulez ? dit Gibassier.

— Je crois bien que je le veux.

— Ne vous en prenez qu'à vous du mal qui vous arrivera.

— Allons ! allons ! assez jaspiné, comme cela, suivez-moi de bonne volonté ou bien on sera obligé d'employer la force.

Et l'agent tira de sa poche une jolie petite paire de poucettes, qui ne demandaient que l'honneur de faire connaissance avec les mains de Gibassier.

— Soit, dit Gibassier, qui comprit la fausse position où il était, et celle plus fausse où il pouvait se mettre, je vous suis.

— Alors, j'aurai l'honneur de vous offrir le bras, tandis que ces deux messieurs nous suivront par derrière, dit l'agent, attendu que vous m'avez l'air d'un gaillard capable de nous brûler la politesse au premier coin de rue.

— J'ai fait mon devoir, dit Gibassier, en levant la main au ciel comme pour prendre

Dieu à témoin qu'il avait en effet lutté jusqu'au bout.

— Allons, votre bras, et mieux que cela.

Gibassier savait comment le bras d'un homme qu'on arrête se pose sur le bras de l'homme qui l'arrête. Il ne se fit donc pas prier davantage, et donna toute facilité à l'agent.

Celui-ci reconnut une pratique.

— Ah! dit-il, ce n'est pas la première fois que cela vous arrive, mon bonhomme.

Gibassier regarda l'agent de l'air d'un homme qui dit en lui-même :

— Soit ! mais rira bien qui rira le dernier.

Puis tout haut :

— Marchons, dit-il résolûment.

Et Gibassier et l'agent sortirent de l'*Hôtel du Grand-Turc* bras dessus, bras dessous, comme deux bons et vieux amis.

Les deux argousins venaient ensuite, et avaient l'attention délicate de ne pas avoir l'air d'être, comme Grippe-Soleil, de la société de monseigneur.

VII

Le triomphe de Gibassier.

Gibassier et l'agent se dirigèrent donc, ou plutôt l'agent de police dirigea Gibassier vers la Préfecture de Police.

D'après les précautions prises par le vérificateur des passe-ports, on comprend que toute fuite était impossible.

Ajoutons au reste, à la gloire de Gibassier, que l'idée de fuir ne lui vint même pas.

Il y a plus : l'air narquois de sa physionomie, le sourire de compassion qui voltigeait sur ses lèvres en regardant l'agent, la façon insouciante, dégagée et hautaine dont il se laissait conduire à l'hôtel de la rue de Jérusalem, révélaient une conscience tranquille. En un mot, il paraissait en avoir pris son parti et marchait en martyr orgueilleux bien plus qu'en victime résignée.

De temps en temps l'agent lui jetait un regard de côté.

A mesure que Gibassier s'approchait de

la Préfecture, au lieu de s'assombrir, son front s'éclaircissait. C'est que d'avance, il songeait à la tempête d'imprécations que la colère de M. Jackal, à son retour, ferait tomber sur la tête du malencontreux agent.

Cette sérénité qui brille comme une auréole autour des fronts purs, commença d'épouvanter le conducteur de Gibassier. Pendant le premier quart du chemin, il n'avait fait aucun doute d'amener une importante capture. A moitié chemin, il doutait ; aux trois quarts de la route, il était convaincu qu'il avait fait une bêtise.

Cette colère de M. Jackal, dont Gibassier l'avait menacé, commençait déjà à gronder, lui semblait-il au-dessus de sa tête.

Il en résulta que peu à peu le bras de l'agent se desserra, laissant au bras de Gibassier la liberté de ses mouvements.

Gibassier remarqua cette liberté relative qui lui était accordée, mais comme il ne se méprenait pas à la cause qui desserrait le deltoïde et le bisseps de son compagnon, il n'y parut faire aucune attention.

L'agent, qui espérait recevoir des actions de grâce de son prisonnier, fut on ne peut plus inquiet lorsqu'il remarqua qu'au fur et à mesure que son propre bras se relâchait, celui de Gibassier se resserrait.

Il avait fait un prisonnier qui ne voulait plus le lâcher.

— Diable, se dit-il à lui-même, me serais-je fourvoyé ?

Il s'arrêta un moment pour réfléchir, regarda Gibassier de la tête aux pieds, et voyant que celui-ci, de son côté, le regardait des pieds à la tête avec un air goguenard qui devenait de plus en plus inquiétant :

— Monsieur, lui dit-il, vous connaissez la rigidité de nos devoirs. On nous dit : Arrête, et nous arrêtons. Il en résulte parfois que nous tombons dans des erreurs déplorables. Il est bien vrai que la plupart du temps, nous mettons la main sur des criminels, mais il arrive aussi parfois que par erreur nous nous égarons sur d'honnêtes gens.

— Vous croyez? dit Gibassier d'un air gouailleur.

— Et même sur de très honnêtes gens, répéta l'agent.

Gibassier le regarda d'un air qui signifiait :

— J'en suis la preuve vivante.

La sérénité de ce regard acheva de démanteler l'homme de police, et ce fut sur le ton de la plus exquise politesse qu'il ajouta :

— J'ai peur, monsieur, d'avoir fait une méprise de ce genre, et comme il est encore temps de la réparer...

— Eh! que voulez-vous dire! demanda dédaigneusement Gibassier.

— Je veux dire, monsieur, que j'ai peur d'avoir arrêté un honnête homme.

— Je le crois bien, parbleu, que vous devez en avoir peur, répondit le forçat en le regardant d'un œil sévère.

— Je vous avais pris à la première vue pour un personnage équivoque, mais je vois maintenant qu'il n'en est rien, et, qu'au contraire, vous êtes des nôtres.

— Des vôtres ? dit dédaigneusement Gibassier.

— Et, reprit humblement l'agent, comme je le disais tout à l'heure, puisqu'il est temps encore de réparer cette petite méprise...

— Non, monsieur, il n'est plus temps, répondit vivement Gibassier, puisque, grâce à cette méprise, l'homme sur lequel j'étais chargé de veiller s'est échappé, et quel est cet homme ? Un conspirateur qui aura peut-être renversé le gouvernement dans huit jours...

— Monsieur, répondit l'agent, si vous voulez, nous allons nous mettre tous deux à sa poursuite, et c'est bien le diable si à nous deux...

Ce n'était point l'affaire de Gibassier de partager, avec qui que ce fût, l'honneur de la capture de M. Sarranti.

Aussi, interrompant son confrère subalterne :

— Non, monsieur, dit-il, et, s'il vous plaît, vous acheverez ce que vous avez commencé.

— Oh non ! fit l'agent.

— Oh si ! fit Gibassier.

— Non, reprit l'agent, et la preuve, c'est que je m'en vais.

— Vous vous en allez ?

— Oui !

— Vous vous en allez, comment ?...

— Comme on s'en va. Je vous présente mes respects, et vous tourne le dos.

Et en effet, l'agent, pirouettant sur ses talons, tournait le dos à Gibassier, quand celui-ci, à son tour, le saisissant par le bras, et lui faisant décrire un demi-cercle à gauche :

— Non pas, dit-il, vous m'avez arrêté pour me conduire à la police et vous m'y conduirez.

— Je ne vous y conduirai pas.

— Ah ! vous m'y conduirez, morbleu, ou vous direz pourquoi. Si je perds mon homme, il faut que M. Jackal sache qui me l'a fait perdre.

— Non, monsieur, non !

— Alors, dit Gibassier, c'est moi qui vous arrête et qui vous y conduis à la police, entendez-vous.

— Vous m'arrêtez, vous ?

— Oui, moi.

— Et de quel droit ?

— Du droit du plus fort.

— Je vais appeler mes deux hommes.

— N'en faites rien, ou j'appelle les passants. Vous savez que vous n'êtes pas adorés, messieurs de la Rousse, et si je raconte qu'après m'avoir arrêté sans raison vous voulez me relâcher de peur d'être puni de votre abus d'autorité... Nous sommes si près de la rivière, ma foi !

L'homme de police devint blanc comme un linge, les passants commençaient en effet à s'amasser. Il savait, par expérience, que le peuple, à cette époque, n'était pas tendre pour les mouchards. Il regarda Gibassier d'un air si suppliant qu'il fut sur le point de l'attendrir.

Mais nourri des maximes de M. de Talleyrand, Gibassier repoussa ce premier mouvement.

Il fallait avant tout qu'il fût justifié auprès de M. Jackal.

Il serra donc sa main en manière de tenaille autour du poignet de l'agent, et, de prisonnier devenant gendarme, il le conduisit bon gré malgré à la Préfecture.

La cour de la Préfecture était pleine d'une foule inaccoutumée.

Que venait faire là cette foule?

Nous avons dit dans un chapitre précédent qu'on sentait vaguement passer dans l'air quelque chose comme les premières brises d'une émeute.

Cette foule qui remplissait la cour de la Préfecture était composée des **personnes** qui devaient jouer un rôle dans l'émeute et qui venaient prendre le mot d'ordre.

Gibassier, habitué depuis sa jeunesse à entrer dans la cour de la Préfecture, avec les menottes aux pouces et à en sortir dans une voiture grillée, éprouva une joie sans mélange à faire son entrée dans cette cour, conduisant au lieu d'être conduit.

L'entrée de Gibassier fut vraiment une entrée triomphale. Il se tenait tête haute et le nez au vent, tandis que son malheureux prisonnier le suivait comme la frégate désemparée suit le vaisseau de haut bord qui la remorque, toutes voiles au vent et pavillon déployé.

Il y eut un moment de doute dans cette honorable foule. On croyait Gibassier à sa Bastide de Toulon, et voilà que tout à coup Gibassier apparaissait comme un chef en fonctions.

Mais Gibassier, voyant le doute où l'on était à son égard, salua à droite, à gauche, les uns d'un air amical, les autres d'un air protecteur, de sorte qu'à ce salut un doux murmure s'éleva, et que plusieurs vinrent à lui avec un empressement qui témoignait de leur bonheur à retrouver un ancien confrère.

On échangea mille poignées de main et mille compliments, et cela à la grande confusion du pauvre agent que Gibassier commençait à regarder en pitié. Puis on présenta Gibassier au doyen de la brigade, vénérable faussaire qui, comme Gibassier, à certaines conditions débattues entre lui et M. Jackal, avait fait sa rentrée dans le monde. Il sortait de Brest, de sorte qu'il n'avait point connu Gibassier, et que Gibassier ne le connaissait point. Mais Gibassier, dans ses veillées au bord de la Méditerranée, avait si souvent entendu parler de cet illustre vieillard, que depuis longtemps il désirait serrer ses vénérables mains.

Le doyen l'accueillit paternellement.

— Mon fils, lui dit-il, il y a longtemps que je souhaitais de vous voir. J'ai beaucoup connu monsieur votre père...

— Mon père! dit Gibassier qui ne s'était jamais connu de père; voilà un gaillard qui est plus heureux que moi.

— Et c'est un véritable bonheur, continua le doyen, que de retrouver en vous les traits de cet homme de bien. Si vous avez besoin de quelque conseil, disposez de moi, mon fils, je me mets à votre disposition.

La compagnie entière semblait envieuse de ce brevet de grand homme que son doyen venait de donner à Gibassier.

Elle entoura le forçat, et, au bout de cinq minutes, M. Bagnères de Toulon avait reçu, aux yeux de l'agent complétement abruti par un pareil triomphe, mille offres de services et mille protestations d'amitié.

Gibassier le regarda de l'air d'un homme qui dit :

— Eh bien, vous avais-je menti ?

L'agent courba la tête.

— Voyons maintenant, lui dit Gibassier, avouez franchement que vous n'êtes qu'un âne.

— Je l'avoue franchement, répondit l'homme de police, qui eût bien avoué autre chose encore si Gibassier l'en eût prié.

— Eh bien ! dit Gibassier, du moment

où vous avouez cela, l'honneur est satisfait, et je vous promets d'être clément envers vous au retour de M. Jackal.

— Au retour de M. Jackal? demanda l'agent.

— Oui, au retour de M. Jackal, je me contenterai de lui présenter votre méprise comme un excès de zèle. Vous voyez que je suis bon diable.

— Mais, M. Jackal est revenu, dit l'agent qui, craignant de voir refroidir la bonne volonté de Gibassier, tenait à en profiter sans retard.

— Comment, M. Jackal est revenu! s'écria Gibassier.

— Oui, sans doute.

— Et depuis quand ?

— Depuis ce matin six heures.

— Et vous ne me le disiez pas ! dit Gibassier d'une voix tonnante.

— Vous ne me l'aviez pas demandé, Excellence, répondit humblement l'agent.

— Vous avez raison, mon ami, dit Gibassier en s'adoucissant.

— Mon ami ! murmura l'agent, tu m'as appelé ton ami, ô grand homme, ordonne, que puis-je faire pour toi ?

— Mais, nous rendre près de M. Jackal, mordieu ! et sans perdre une minute.

— Marchons, dit l'agent en faisant des pas d'un mètre, quoique l'écartement normal de ses jambes ne fût que de deux pieds et demi.

Gibassier salua l'assemblée d'un dernier signe de la main, traversa la cour, s'enfonça de quelques pas sous la voûte qui fait face à la porte, prit à gauche ce même petit escalier que nous avons vu prendre à Salvator, monta deux étages, enfila un corridor sombre à droite, et arriva devant la porte du cabinet de M. Jackal.

Le garçon de bureau de service, reconnaissant, non pas Gibassier, mais l'agent, ouvrit immédiatement la porte de M. Jackal.

— Eh bien ! que faites-vous, drôle, dit M. Jackal. Ne vous ai-je pas dit que je n'y étais que pour Gibassier ?

— Me voilà cher monsieur Jackal, cria Gibassier.

Puis se retournant vers l'agent :

— Il n'y était que pour moi, vous entendez ?

L'agent se retint à deux mains pour ne pas tomber à genoux.

— Allons, dit Gibassier, suivez-moi, je

vous ai promis d'être clément et je tiendrai ma promesse.

Et il entra chez M. Jackal.

— Comment, c'est vous, Gibassier, dit le chef suprême, j'avais donné votre nom à tout hasard...

— Et je suis on ne peut plus fier de ce souvenir, monsieur, dit Gibassier.

— Vous avez donc quitté votre homme, demanda M. Jackal.

— Hélas ! monsieur, répondit Gibassier, c'est lui qui m'a quitté.

M. Jackal fronça sévèrement le sourcil.

Gibassier donna un coup de coude à l'agent comme pour lui dire :

— Vous voyez que vous m'avez fourré dans un fichu pétrin.

— Monsieur, dit Gibassier montrant le coupable, interrogez cet homme, je ne veux pas aggraver sa position, il vous dira tout.

M. Jackal leva ses lunettes jusqu'au haut de son front, afin de reconnaître celui à qui il avait affaire.

— Ah! c'est toi, Fourrichon, dit-il, approche et dis-nous en quoi tu es cause que mes ordres n'ont pas été exécutés.

Fourrichon vit qu'il n'y avait pas moyen de biaiser. Il en prit son parti, et, comme un témoin devant un tribunal, il dit la vérité, toute la vérité, rien que la vérité.

— Vous êtes un âne, dit M. Jackal à l'agent.

— C'est ce que Son Excellence, M. le comte Bagnères de Toulon, m'a déjà fait l'honneur de me dire, répondit l'homme de police avec une profonde contrition.

M. Jackal parut chercher quel pouvait être l'illustre personnage qui l'avait devancé en émettant sur Fourrichon une opinion si bien en harmonie avec la sienne.

— C'est moi, dit Gibassier en s'inclinant.

— Ah! très bien, très bien, dit M. Jackal. Vous vous êtes fait agent-gentilhomme.

— Oui, monsieur, dit Gibassier, mais je dois vous dire que j'ai promis à cet infortuné, en vertu de son profond repentir, d'appeler sur lui toute votre indulgence. Il n'a, sur ma parole, péché que par trop de zèle.

— A la demande de notre ami et féal Gibassier, dit avec majesté M. Jackal, nous vous accordons rémission pleine et entière de votre faute. Allez en paix et ne péchez plus.

Puis, congédiant de la main le malheureux agent, qui sortit à reculons.

— Voulez-vous, mon cher Gibassier, dit M. Jackal, me faire l'honneur d'accepter la moitié de mon modeste déjeûner ?

— Avec une joie véritable, monsieur Jackal, répondit Gibassier.

— Passons donc dans la salle à manger, dit M. Jackal en lui montrant le chemin.

Gibassier suivit M. Jackal.

VIII

La seconde vue.

M. Jackal indiqua de la main une chaise à Gibassier.

Cette chaise était placée en face de lui, de l'autre côté de la table.

En lui indiquant la chaise il lui fit, de la main, signe de s'asseoir.

Mais Gibassier, jaloux de montrer à M. Jackal qu'il n'était point étranger aux lois de la civilité puérile et honnête :

— Permettez-moi avant tout, dit-il, de vous féliciter, cher monsieur Jackal, sur votre retour à Paris.

— Acceptez, de ma part, des félicitations semblables sur le même sujet, répondit courtoisement M. Jackal.

— J'aime à croire, dit Gibassier, que votre voyage s'est effectué heureusement.

— Le plus heureusement du monde, cher monsieur Gibassier, mais trêve aux compliments, faites comme moi, asseyez-vous.

Gibassier s'assit.

— Prenez une côtelette.

Gibassier piqua une côtelette.

— Tendez votre verre.

Gibassier tendit son verre.

— Là, maintenant, dit M. Jackal, mangez, buvez, et écoutez-moi.

— Je suis tout oreilles, dit Gibassier en mordant à belles dents dans la noix de sa côtelette.

— Donc, continua M. Jackal, par l'ânerie de cet agent, vous avez perdu de vue votre homme, cher monsieur Gibassier?

— Hélas! répondit Gibassier en posant l'os dénudé de sa côtelette sur une assiette, vous m'en voyez au désespoir. Être chargé d'une mission de cette importance, l'accomplir à sa gloire, le mot peut se dire, et échouer au port.

— C'est du malheur.

— Je vivrais cent ans, que je ne me pardonnerais pas....

Et Gibassier fit un geste de désespoir.

— Eh bien, dit tranquillement M. Jackal, après avoir humé un verre de Bordeaux et fait clapper sa langue, je serai plus indulgent, je vous pardonnerai, moi !

— Non, non, monsieur Jackal, non, je n'accepte pas votre pardon, dit Gibassier, je me suis conduit comme une huître ; pour tout dire, j'ai encore été plus bête que l'agent.

— Que vouliez-vous faire contre lui, cher monsieur Gibassier? Il me semble qu'il y a un proverbe approprié à cette circonstance : Contre la force...

— Je devais l'assommer d'un coup de poing et courir après M. Sarranti.

— Vous n'auriez pas fait deux pas sans être arrêté par les agents de garde.

— Oh! fit Gibassier, menaçant, comme Ajax, les dieux du poing.

— Mais puisque je vous répète que je vous pardonne, reprit M. Jackal.

— Alors, si vous me pardonnez, dit Gibassier, renonçant à la pantomime expressive à laquelle il se livrait, c'est que vous avez un moyen de retrouver *notre* homme. Vous me permettez de dire notre homme, n'est-ce pas?

— Allons, pas mal, répondit M. Jackal, ravi de la preuve d'intelligence que venait de lui donner Gibassier, en devinant que, s'il n'était pas inquiet, c'est qu'il avait sujet de ne pas l'être. Pas mal! et je vous autorise, mon cher Gibassier, ne fût-ce que pour vous récompenser, à appeler M. Sarranti *notre* homme, car enfin il vous appartient autant à vous, qui l'avez perdu après l'avoir découvert, qu'il m'appartient à moi, qui l'ai retrouvé après que vous l'aviez perdu.

— Ce n'est pas possible, dit Gibassier stupéfait.

— Qu'est-ce qui n'est pas possible ?

— Que vous l'ayez retrouvé.

— C'est cependant ainsi.

— Comment cela peut-il se faire, il y a une heure à peine que je l'ai perdu.

— Et moi, il n'y a que cinq minutes que je l'ai retrouvé.

— De façon que vous le tenez ? demanda Gibassier.

— Oh ! non pas ; vous savez que nous devons procéder avec lui d'une façon toute particulière. Je le tiendrai, ou plutôt c'est vous qui le tiendrez. Seulement, cette fois, ne le perdez plus, car je ne pourrai décemment le faire afficher.

C'était bien aussi l'espoir de Gibassier de le retrouver. Il y avait eu la veille dans la rue d'Ulm, entre les quatre conspirateurs et M. Sarranti, rendez-vous pris à l'église de l'Assomption, mais M. Sarranti pouvait concevoir quelque doute et ne pas se rendre à cette église.

D'ailleurs, Gibassier ne voulait avoir l'air de posséder d'avance ce point de repère.

Il était donc arrivé résolu à mettre sur le compte de son génie la *revue* de Sarranti, comme on dit en terme de chasse.

— Et comment le retrouverai-je ? demanda Gibassier.

— En suivant sa piste.

— Mais puisque je l'ai perdue...

— Il n'y a pas de piste perdue, Gibassier,

avec un piqueur comme moi et un limier comme vous.

— Alors, dit Gibassier, convaincu que M. Jackal se vantait, et voulant le pousser à bout, alors, il n'y a pas un moment à perdre.

Et il se leva comme pour courir après M. Sarranti.

— Au nom de sa majesté dont vous avez l'honneur de sauver la couronne, je vous remercie de ce noble empressement, cher monsieur Gibassier, dit M. Jackal.

— Je suis le plus humble mais le plus dévoué sujet du roi, dit Gibassier en s'inclinant avec modestie.

— Bien, fit M. Jackal, et soyez sûr que votre dévoûment sera récompensé. Ce ne sont point les rois qu'on peut accuser d'être ingrats.

— Non, ce sont les peuples, répondit Gibassier en levant philosophiquement les yeux au ciel. Ah !

— Bravo !

— En tout cas, cher monsieur Jackal, en dehors de l'ingratitude des rois et de la reconnaissance des peuples, laissez-moi vous dire que je suis tout à votre disposition.

— Non, vous me ferez bien l'amitié de manger une aile de ce poulet ?

—Oui, mais s'il nous échappe tandis que nous mangerons cette aile ?

— Il ne nous échappera pas, il nous attend.

— Où donc cela !

— A l'église.

Gibassier regarda M. Jackal avec un étonnement croissant. Comment M. Jackal était-il, sur ce point, presque aussi instruit que lui ?

N'importe, il résolut de voir jusqu'où allait la science de M. Jackal.

— A l'église ! s'écria-t-il. J'aurais dû m'en douter.

— Et pourquoi cela ? demanda M. Jackal.

— Parce que, répondit Gibassier, un homme qui brûle le pavé des grandes routes de cette formidable façon, n'a d'excuse que s'il court à son salut.

— De mieux en mieux, cher monsieur Gibassier, dit le chef de la police. Je vois que vous êtes quelque peu observateur, et je vous en félicite, puisque désormais votre état sera d'observer. C'est donc, je vous le répète, à l'église que vous trouverez votre homme.

Gibassier voulut voir si M. Jackal était renseigné jusqu'au bout.

— Et à quelle église ? demanda-t-il, espérant le prendre en défaut.

— A l'église de l'Assomption, répondit simplement M. Jackal.

Gibassier marchait de surprise en surprise.

— Vous connaissez bien l'église de l'Assomption? insista M. Jackal, voyant que Gibassier ne répondait pas.

— Parbleu! répliqua Gibassier.

— Mais par ouï dire, sans doute, car je ne vous crois pas d'une piété très ardente.

— J'ai ma foi comme tout le monde,

répondit Gibassier en levant béatiquement les yeux au plafond.

— Je ne serais pas fâché d'être édifié là-dessus, dit M. Jackal en versant le café à Gibassier, et si nous avions quelques moments de plus, je vous prierais volontiers de m'exposer votre système théologique. Nous avons, vous le savez, de grands théologiens, rue de Jérusalem. L'habitude de la claustration a dû vous vous conduire à la méditation. Ce serait donc, si le temps ne nous manquait pas, avec un véritable plaisir que je vous verrais soutenir une thèse sur ce sujet. Malheureusement l'heure s'avance, et nous n'en avons véritablement pas le loisir aujourd'hui. Mais j'ai votre parole, ce n'est que partie remise.

Gibassier écoutait en clignant des yeux et en sirotant son café.

— Donc, continua M. Jackal, vous trouverez votre homme à l'Assomption.

— A matines, à complies ou à vêpres? demanda Gibassier avec une indéfinissable expression, tout à la fois de malice et de naïveté.

— A l'heure de la grand'-messe.

— Vers onze heures et demie, alors?

— Soyez-y à onze heures et demie si

vous voulez, mais votre homme n'arrivera guères qu'à midi.

C'était bien en effet l'heure convenue.

— Il est onze heures, s'écria Gibassier en regardant la pendule.

— Attendez donc, impatient que vous êtes, vous vous donnerez bien le temps de faire votre gloria.

Et il versa un demi verre d'eau-de-vie dans la tasse de Gibassier.

— *Gloria in excelcis !* dit Gibassier en levant sa tasse à deux mains, comme il eût levé un ostensoir.

M. Jackal inclina la tête en homme qui est convaincu de mériter cet honneur.

— Maintenant, dit Gibassier, laissez-moi vous dire une chose qui n'ôte rien à votre mérite, devant lequel je m'incline et auquel je rends pleinement hommage.

— Dites.

— Je savais tout cela comme vous.

— Ah ! vraiment ?

— Oui, et voici comment je le savais.

Alors Gibassier raconta à M. Jackal toute l'histoire de la rue d'Ulm, comment il s'était fait passer pour un affilié, comment il était entré dans la maison, comment il avait été convenu que l'on se trouverait à midi à l'église de l'Assomption.

M. Jackal écouta à son tour avec une attention qui était un hommage muet à la sagacité de son interlocuteur.

— Alors, dit-il quand Gibassier eut fini, vous croyez qu'il y aura beaucoup de monde à cet enterrement ?

— Cent mille personnes, peut-être.

— Et dans l'église ?

— Tout ce qu'elle en pourra contenir, deux ou trois mille individus, peut-être.

— Ce ne sera pas facile de retrouver votre homme dans une pareille foule, mon cher Gibassier.

— Bon, l'Evangile dit : « Cherche, et tu trouveras. »

— Eh bien, je vais vous épargner la peine de chercher, moi !

— Vous ?

— Oui, à midi sonnant, vous le trouverez adossé au troisième pilastre, à main gauche, en entrant dans l'église, et parlant à un moine dominicain.

Pour le coup, le don de la double vue

était si largement accordé à M. Jackal, que Gibassier s'inclina sans rien dire, et courbé sous une pareille supériorité, prit son chapeau et sortit.

IX

Deux gentilshommes de grand chemin.

Carmagnole sortait de l'hôtel de la rue de Jérusalem, juste au moment où, après avoir déposé le portrait de saint Hyacinthe chez Carmélite, Dominique descendait à grands pas la rue de Tournon.

La cour de l'hôtel était vide, un groupe de trois hommes y stationnait seul.

De ce groupe un homme se détacha, et Gibassier reconnut dans ce petit homme maigre, au teint olivâtre, aux yeux d'un noir brillant, aux dents étincelantes, qui s'approchait de lui, Gibassier reconnut, disons-nous, son collègue Carmagnole, l'homme de confiance de M. Jackal, le même qui lui avait transmis, à Keehl, les ordres du maître commun.

Gibassier attendit, le sourire sur les lèvres.

Les deux hommes se saluèrent.

— Vous allez à l'Assomption ? demanda Carmagnole.

— N'avons-nous pas à rendre les derniers devoirs aux restes mortels d'un grand philanthrope? dit Gibassier.

— Justement, répondit Carmagnole, et je vous guettais à votre sortie de chez M. Jackal, pour causer un instant de notre double mission.

— Avec grand plaisir. Causons en marchant, ou marchons en causant. Le temps ne nous paraîtra pas long, à moi surtout.

Carmagnole s'inclina.

— Vous savez ce que nous allons faire là-bas.

— Moi, j'y vais pour ne pas perdre de

vue un homme que je trouverai adossé au troisième pilier à gauche, et causant avec un moine, dit Gibassier, qui ne pouvait revenir de la précision du renseignement.

— Et moi, je vais pour arrêter cet homme.

— Comment, pour l'arrêter ?

— Oui, à un moment donné, c'est cela que je suis chargé de vous dire.

— Vous êtes chargé d'arrêter M. Sarranti ?

— Non pas, pecaire ! M. Dubreuil, c'est le nom de son choix, il n'aura pas à se plaindre.

— Alors, vous allez l'arrêter comme conspirateur?

— Non pas, comme émeutier.

— Nous allons donc avoir une émeute sérieuse?

— Sérieuse, non, mais nous allons en avoir une.

— Ne trouvez-vous pas bien imprudent, mon cher confrère, dit Gibassier, s'arrêtant pour donner plus de poids à ses paroles, ne trouvez-vous pas bien imprudent de risquer une émeute un jour comme celui-ci, où tout Paris est sur pied?

— Oui, sans doute, mais vous connaissez le proverbe : Qui nè risque rien n'a rien.

— Sans doute, mais cette fois nous jouons le tout pour le tout.

— Seulement, nous jouons avec des dés pipés!

Cette observation rassura un peu Gibassier.

Et cependant son visage resta inquiet, ou plutôt pensif.

Etaient-ce les souffrances que Gibassier avait éprouvées au fond du Puits-qui-Parle qui se traduisaient ainsi, ravivées qu'elles avaient été la veille par le souvenir ?

Etaient-ce que les fatigues d'un voyage précipité et d'un prompt retour avaient imprimé sur son front le sceau trompeur du spleen, tant était-il que le comte Bagnères de Toulon paraissait en ce moment en proie à quelque grand souci ou à quelque vive inquiétude.

Carmagnole en fit la remarque et ne put s'empêcher de lui en demander la cause au moment où il tournait avec lui l'angle du quai et de la place Saint-Germain-l'Auxerrois.

— Vous avez l'air soucieux? lui demanda-t-il.

Gibassier sortit de sa rêverie et secoua la tête.

— Hein? fit-il.

Carmagnole répéta la question.

— Oui, c'est vrai, dit Gibassier; une chose m'étonne, mon ami.

— Diable, c'est bien de l'honneur pour cette chose-là, dit Carmagnole.

— Me préoccupe, alors.

— Dites, et si je puis vous enlever cette préoccupation, je me regarderai comme un homme heureux.

— Voici. M. Jackal m'a dit que je trouverais notre homme à midi précis, dans l'église de l'Assomption, au troisième pilier en entrant à main gauche.

— Au troisième pilier, oui!

— Et parlant à un moine?

— A son fils, l'abbé Dominique.

Gibassier regarda Carmagnole du même air qu'il avait regardé M. Jackal.

— Eh bien, dit-il, je me croyais fort, il paraît que je me trompais.

— Pourquoi cette humilité? demanda Carmagnole.

Gibassier resta encore un moment muet; il était évident qu'il faisait des efforts inouïs pour percer avec ses yeux de lynx l'obscurité qui l'aveuglait.

— Eh bien, dit-il, il y a là-dedans un renseignement d'une fausseté insigne.

— Pourquoi cela?

— Ou, s'il est vrai, il me remplit à la fois de stupeur et d'admiration.

— Pour qui?

— Pour M. Jackal.

Carmagnole ôta son chapeau comme fait le chef d'une troupe de saltimbanques quand il parle de M. le maire et des autorités constituées.

— Quel est ce renseignement? demanda-t-il.

— C'est celui de ce pilier et de ce moine. Que M. Jackal sache le passé, que M. Jackal sache même le présent, je l'admets.

Carmagnole suivait chaque phrase de Gibassier avec un mouvement de tête affirmatif.

— Mais qu'il sache encore l'avenir, voilà ce qui me passe, Carmagnole.

Carmagnole se mit à rire en montrant ses dents blanches.

— Et comment vous expliquez-vous qu'il sache le passé et le présent ? demanda Carmagnole.

— Que M. Jackal ait deviné que M. Sarranti se rendrait à l'église, rien de plus simple. Au moment de risquer sa vie en essayant de renverser un gouvernement, il est naturel d'implorer le secours de la religion et l'assistance des saints. Qu'il ait deviné que M. Sarranti choisissait l'Assomption, rien de plus simple encore, puisque cette basilique est destinée à servir aujourd'hui de foyer à l'insurrection.

Carmagnole continuait d'approuver par des mouvements de tête.

— Qu'il ait deviné que M. Sarranti y serait à midi plutôt qu'à onze heures, onze heures et demie, midi moins un quart, rien de plus aisé encore. Un conspirateur qui a passé une partie de la nuit dans l'exercice de son état, à moins qu'il ne soit un gaillard ultra-robuste, n'irait pas grelotter de gaîté de cœur à la première messe du matin. Qu'il ait découvert qu'il s'adosserait contre un pilier, je ne trouve là rien de bien merveilleux encore. Après trois ou quatre jours et autant de nuits de voyage, il n'est pas étonnant qu'éprouvant une certaine fatigue, il s'adosse, pour se reposer, contre un pilier. Enfin que, par une déduction logique, il ait deviné que je trouverais mon homme à gauche plutôt qu'à droite, je le comprends encore, le côté gauche devant tout naturellement être choisi par un chef d'opposition. Tout cela est habile, extraordinaire, mais nullement merveilleux, puisque j'arrive à m'en rendre compte. Mais ce qui m'étonne, ce qui me stupéfait, ce qui m'abrutit, ce qui me plonge dans un incompréhensible hébétement...

Gibassier s'arrêta comme pour arriver à deviner l'énigme par un redoublement d'intelligence.

— Eh bien, c'est... demanda Carmagnole.

— C'est comment M. Jackal a pu deviner le numéro du pilier auquel il s'adosserait, l'heure à laquelle il s'y adosserait, et qu'un moine viendrait lui parler à cette heure, et tandis qu'il y serait adossé.

— Comment! dit Carmagnole, c'est cela

qui vous embarrasse et couvre votre front de ce nuage, seigneur comte?

— Pas autre chose, Carmagnole, répondit Gibassier.

— Eh bien, c'est aussi simple que tout le reste.

— Bah!

— C'est même plus simple.

— Vraiment?

— Sur mon honneur.

— Voulez-vous alors me faire l'amitié de me dévoiler ce mystère?

— Avec le plus grand plaisir.

— J'écoute.

— Connaissez-vous la *Barbette* ?

— Je connais une rue de ce nom-là, qui commence à celle des Trois-Pavillons, et qui finit rue Vieille-du-Temple.

— Ce n'est pas cela.

— Je connais la porte Barbette, qui faisait partie de l'enceinte de Philippe-Auguste, et qui doit son nom à Étienne Barbette, voyer de Paris, maître de la Monnaie et prévôt des marchands.

— Ce n'est pas cela encore.

— Je connais l'hôtel Barbette, où Isabelle de Bavière accoucha du dauphin Charles VII. Le duc d'Orléans sortait de cet hôtel, lorsque, le 23 novembre 1407, par une nuit très pluvieuse, il fut assassiné...

— Assez, s'écria Carmagnole qui étouffait comme un homme à qui on fait avaler une lame de sabre, assez ; quelques mots de plus, Gibassier, et je demande pour vous une chaire d'histoire.

— C'est vrai, répondit Gibassier, c'est toujours l'érudition qui m'a perdu ; mais enfin de quelle Barbette parlez-vous, de la rue, de la porte ou de l'hôtel ?

— Ni de l'une, ni de l'autre, illustre bachelier, dit Carmagnole en regardant Gibassier avec admiration, et en faisant passer sa bourse de sa poche droite dans sa poche gauche, c'est-à-dire en mettant toute l'épaisseur de son corps entre lui et son compagnon, croyant avec quelque raison peut-être qu'il devait s'attendre à tout de la part d'un homme qui avouait savoir tant de choses, et qui en savait sans doute encore plus qu'il n'en avouait.

— Non, continua Carmagnole, ma Barbette, à moi, c'est une loueuse de chaises de l'église Saint-Jacques, qui demeure impasse des Vignes.

— Oh! qu'est-ce qu'une loueuse de chaises de l'impasse des Vignes? fit dédaigneusement Gibassier ; et quelle pauvre compagnie fréquentez-vous là, Carmagnole?

— Il faut voir un peu de tout, seigneur comte.

— Enfin? dit Gibassier.

— Je dis donc que la Barbette loue des chaises, et des chaises sur lesquelles mon ami Longue-Avoine — vous connaissez Longue-Avoine?

— De vue.

— Des chaises sur lesquelles mon ami Longue-Avoine ne dédaigne pas de s'asseoir.

— Et quel rapport cette femme, qui loue des chaises sur lesquelles votre ami Longue-Avoine ne dédaigne pas de s'asseoir, a-t-elle avec le mystère que je désire approfondir ?

— Un rapport direct.

— Voyons, dit Gibassier, s'arrêtant en clignant des yeux et en faisant tourner ses pouces sur son ventre, c'est-à-dire en employant toutes les ressources de la voix et du geste pour dire :

— Je ne comprends pas.

X

Deux gentilshommes de grand chemin (suite).

Carmagnole s'arrêta aussi de son côté, souriant et jouissant de son triomphe.

L'église de l'Assomption sonna onze heures trois quarts.

Les deux hommes parurent chasser

toute préoccupation étrangère pour écouter sonner l'heure.

— Midi moins un quart, dirent-ils. Bon, nous avons le temps.

Cette exclamation prouvait l'attention que chacun apportait dans la conversation où il était engagé avec son interlocuteur.

Mais comme l'attention était encore plus vivement éveillée dans Gibassier que dans Carmagnole, puisque c'était Gibassier qui interrogeait et Carmagnole qui répondait.

— J'écoute, reprit Gibassier.

— Vous ignorez peut-être, mon cher

collègue, n'ayant pas les mêmes penchants que moi pour notre sainte religion que toutes les loueuses de chaises se connaissent comme les cinq doigts de la main.

— J'avoue que je l'ignorais complètement, dit Gibassier avec cette suprême franchise des hommes forts.

— Eh bien! reprit Carmagnole tout fier d'avoir enseigné quelque chose à un si savant homme, cette loueuse de chaises de l'église Saint-Jacques...

— La Barbette, dit Gibassier, pour prouver qu'il ne perdait pas un mot de la conversation.

— La Barbette, oui, est étroitement liée d'amitié avec une des loueuses de chaises de Saint-Sulpice, laquelle loueuse de chaises habite rue du Pot-de-Fer.

— Ah! s'écria Gibassier ébloui par une lueur.

— Vous commencez à y être, n'est-ce pas?

— C'est-à-dire que j'entrevois, que je flaire, que je devine...

— Eh bien, notre loueuse de chaises de Saint-Sulpice est concierge, comme je vous le disais tout à l'heure, de la maison jusqu'à la porte de laquelle vous avez hier soir suivi M. Sarranti, et dans laquelle demeure son fils, l'abbé Dominique.

— Allez toujours, dit Gibassier, ne voulant pour rien au monde perdre le fil qu'il venait d'attraper.

— Eh bien, la première pensée qui est venue à M. Jackal en recevant ce matin la lettre dans laquelle vous lui donniez votre itinéraire d'hier, a été, voyant que vous aviez suivi M. Sarranti jusqu'à la porte d'une maison de la rue du Pot-de-Fer, a été de m'envoyer chercher pour me demander si je ne connaissais pas quelqu'un dans cette maison-là. Vous comprenez, mon cher Gibassier, que ma joie fut grande quand je reconnus que c'était celle dont la garde était confiée au cordon de l'amie de mon ami. Je ne pris que le temps de lui faire un signe d'affirmation, et je pris ma course. Je savais trouver Longue-Avoine chez elle. C'est l'heure où il y prend son café. Je courus donc impasse des Vignes. Longue-Avoine y était. Je lui dis deux mots à l'oreille, il en dit quatre à l'oreille de la Barbette, et celle-ci partit à l'instant même pour faire une petite visite à son amie la loueuse de chaises de Saint-Sulpice.

— Ah ! pas mal, pas mal, dit Gibassier, qui commençait à deviner les premières syllabes de la charade. Continuez, je ne perds pas un mot.

— Ce matin, vers huit heures et demie,

la Barbette se transporta donc rue du Pot-de-Fer. Je vous ai dit, je crois, qu'en quatre mots Longue-Avoine l'avait mise au courant de l'affaire. Or, la première chose qu'elle aperçut dans l'angle de l'un des carreaux, fut une lettre adressée à M. Dominique Sarranti.

— Tiens, dit la Barbette à son amie, il n'est donc pas encore revenu, ton moine ?

— Non, dit l'autre, et même que je l'attends d'heure en heure.

— C'est étonnant qu'il reste si longtemps dehors.

— Est-ce que l'on sait jamais ce que ça

fait, des moines ? Mais à quel propos me parles-tu de lui ?

— Parce que je vois là tout simplement une lettre à son adresse, répondit la Barbette.

— Oui, c'est une lettre qu'on a apportée pour lui hier soir.

— C'est drôle, dit la Barbette, on dirait une écriture de femme.

— Ma foi non, répondit l'autre. Ah bien oui ! des femmes... Depuis cinq ans que l'abbé Dominique habite ici, je n'ai pas vu le museau d'une seule.

— Ah ! vous avez beau dire...

— Mais non, mais non, puisque c'est un homme qui l'a écrite là, et même qu'il m'a fait grand'peur.

— Oh ! vous aurait-il insulté, ma commère ?

— Non, Dieu merci, je ne saurais dire cela. Mais, voyez-vous, il faut croire que je roupillais un brin, j'ai rouvert les yeux, et j'ai vu tout à coup devant moi un grand homme tout noir.

— Etait-ce le diable, par hasard ?

— Non, car après son départ ça aurait senti le soufre. Alors il m'a demandé si l'abbé Dominique était revenu.

— Non, lui ai-je dit, pas encore.

— Eh bien! je vous annonce, moi, qu'il reviendra ce soir ou demain matin.

— C'était assez effrayant, il me semble.

— Oui! Ah! lui dis-je, il reviendra ce soir ou demain matin? Eh bien, foi de Périne, ça me fait plaisir.

— Est-il votre confesseur, demanda-t-il en riant.

— Monsieur, lui dis-je, apprenez que je ne me confesse pas aux jeunes gens de son âge.

— Ah! eh bien faites-moi le plaisir de

lui dire, mais non, cela vaut mieux. Avez-vous une plume, du papier et de l'encre?

— Ah, parbleu, la belle demande!

— Je vais lui écrire, donnez-moi ce qu'il me faut.

Je lui donnai son encre, sa plume et son papier, et il écrivit cette lettre.

— Maintenant, demanda-t-il, avez-vous des pains à cacheter ou de la cire?

— Oh! quant à cela, non, lui répondis-je, je n'en ai point.

— Vous n'en aviez pas, répondit la Barbette.

— Si fait! mais pourquoi voulez-vous

que je fasse cadeau de ma cire et de mes pains à cacheter à des inconnus.

— Au fait, ça serait une ruine à la longue.

— Oh! ce n'est pas encore pour la ruine, mais ça vous a un air de se défier des gens que de leur demander de quoi cacheter une lettre.

— Oui, et puis ça gêne pour lire la lettre quand ils sont partis. Mais alors, continua la Barbette en jetant les yeux sur la lettre, comment se fait-il qu'elle soit scellée.

— Ne m'en parle pas, il a fouillé dans son portefeuille et il a tant cherché, tant cherché, qu'il y a retrouvé un vieux pain à cacheter.

— De sorte que vous ne savez pas ce que contient la lettre ?

— Ma foi non. Mais à quoi cela m'avancerait-il de savoir que M. Dominique est son fils, qu'il attendra M. Dominique aujourd'hui à midi à l'Assomption, appuyé au troisième pilier, à gauche, en entrant, et qu'il est à Paris sous le nom de Dubreuil ?

— Alors donc, vous l'avez lue tout de même ?

— Oh ! je l'ai fait bâiller ; ça m'intriguait de savoir pourquoi il tenait tant à avoir un pain à cacheter.

Juste en ce moment-là on entendit la cloche de Saint-Sulpice.

— Ah! s'écria la portière de la rue du Pot-de-Fer, et moi qui oubliais...

— Quoi donc ?

— Qu'il y a un enterrement à neuf heures. Bon, et mon gueux de mari qui est allé boire. Jamais d'autres, quoi! il n'en fait jamais d'autres. Par qui veut-il que je fasse garder ma porte, par mon chat ?...

— Eh bien, mais ne suis-je pas là ? dit Barbette.

— Vrai, demanda l'autre, vous me rendriez un pareil service ?

— Oh! c'te bêtise, est-ce qu'il ne faut s'entr'aider en ce monde ?

Et sur cette assurance, la loueuse de chaises de Saint-Sulpice s'en alla vaquer à ses travaux.

— Oui, je comprends, dit Gibassier, et la Barbette, restée seule, a fait bâiller la lettre à son tour.

— Oh! elle l'a mise au-dessus de la vapeur de la bouilloire, et elle l'a bel et bien ouverte et copiée, de sorte que, dix minutes après, nous avions la lettre tout entière.

— Et la lettre disait ?

— Ce qu'avait déjà dit la portière du numéro 28. D'ailleurs, tenez, voici le texte.

Et Carmagnole tira un papier de sa poche et lut tout haut, en même temps que Gibassier lisait tout bas :

« Mon cher fils, je suis à Paris depuis
» ce soir, sous le nom de Dubreuil : ma
» première visite a été pour vous. On
» m'apprend que vous n'êtes pas revenu,
» mais que l'on vous a fait passer ma
» première lettre, et que, par conséquent,
» vous ne pouvez tarder. Si vous arrivez
» cette nuit ou demain matin, trouvez-
» vous à midi à l'église de l'Assomption,
» je serai adossé au troisième pilier en
» entrant, à gauche. »

— Ah! dit Gibassier, très bien!

Et comme ils étaient arrivés ainsi, tout en causant de leurs affaires et des affaires des autres, à la dernière marche du porche de l'Assomption, ils entrèrent dans l'église juste comme midi sonnait.

Au troisième pilier à gauche se tenait adossé M. Sarranti, tandis qu'agenouillé près de lui, Dominique, sans être vu de personne, lui baisait la main.

Nous nous trompons, il avait été vu de Gibassier et de Carmagnole.

XI

Comment on fait une émeute.

Un coup d'œil avait suffi aux deux hommes, et, à l'instant même, tournant les talons, ils s'étaient dirigés du côté opposé, c'est-à-dire vers le chœur.

Mais lorsqu'ils se retournèrent et revinrent sur leurs pas, Dominique était toujours agenouillé au même endroit, mais M. Sarranti n'y était plus.

Il s'en était fallu de bien peu, comme on voit, que l'infaillibilité de M. Jackal ne pût être mise en doute par Gibassier. Mais son admiration pour le chef de la police n'en fut que plus grande. La scène qu'il avait indiquée, le tableau qu'il avait décrit n'avait eu que la durée de l'éclair, mais scène et tableau avaient existé.

— Eh ! eh ! dit Carmagnole, je vois toujours notre moine, mais je vois plus notre homme.

Gibassier se haussa sur la pointe des

pieds, darda son regard exercé dans les profondeurs de l'église, et sourit.

— Je le vois, moi, dit-il.

— Où donc cela?

— A notre droite, en diagonale.

— J'y suis.

— Regardez.

— Je regarde.

— Que voyez-vous?

— Un académicien qui prend du tabac.

— C'est pour se réveiller, il se croit en

séance. Et, derrière l'académicien, que voyez-vous?

— Un gamin qui vole une montre.

— C'est pour dire l'heure à son vieux père, Carmagnole, et derrière le gamin?

— Un jeune homme qui fourre un billet dans le livre de messe d'une jeune fille.

— Soyez sûr, Carmagnole, que ce n'est pas un billet d'enterrement; et derrière ce couple fortuné?

— Un bonhomme triste comme si c'était lui que l'on enterrât. J'ai vu cet homme-là à tous les enterrements.

— Il a sans doute au fond du cœur, mon

cher Carmagnole, cette pensée mélancolique qu'il n'assistera pas au sien. Mais vous y êtes bientôt, mon féal. Derrière le vieillard triste, que voyez-vous?

— Ah! notre homme, c'est vrai. Il cause avec M. de Lafayette.

— Vraiment! c'est M. de Lafayette, dit Gibassier avec cette espèce de respect que les gens les plus vils et les plus misérables avaient pour le noble vieillard.

— Comment! s'écria Carmagnole avec étonnement, vous ne connaissez pas M. de Lafayette?

— J'ai quitté Paris la veille du jour où

je devais lui être présenté comme un cacique Péruvien venant étudier la constitution française.

C'est à ce moment, et comme les deux compagnons, les mains derrière le dos, d'un air bien inoffensif, se dirigeaient lentement vers le groupe qui se composait en effet du général Lafayette, de M. de Marande, du général Pajol, de Dupont (de l'Eure), et de quelques-uns de ces hommes que leur opposition désignait à la popularité universelle, c'est à ce moment, disons-nous, qu'ils avaient été vus et signalés par Salvator et ses amis.

Gibassier n'avait rien perdu de ce qui s'était passé dans le groupe des jeunes gens. Gibassier semblait doué d'une faculté particulière à l'endroit du troisième sens. Il voyait à la fois à droite et à gauche, comme les strabytes, et devant et derrière, comme les caméléons.

— Je crois, mon cher Carmagnole, dit Gibassier, en montrant d'un clin d'œil à son compagnon le groupe des cinq jeunes gens, je crois que ces messieurs nous reconnaissent ; il serait donc bon de nous séparer, momentanément bien entendu. D'ailleurs, nous n'en guetterons que mieux notre homme, et il y a un endroit où nous serons toujours sûrs de nous retrouver.

— Vous avez raison, dit Carmagnole, on ne saurait prendre trop de précautions.

Les conspirateurs sont plus malins qu'on ne croit.

— Vous avancez là une opinion bien hardie, Carmagnole, mais n'importe. Il n'y a pas de mal à laisser croire ce que vous dites.

— Vous savez que nous n'en avons qu'un à arrêter ?

— Sans doute, que ferions-nous du moine ? Il nous mettrait tout le clergé sur les bras.

— Et à arrêter sous son nom de Dubreuil, pour le scandale causé dans l'église.

— Pas pour autre chose.

— Bien, dit Carmagnole, tirant à droite tandis que son compagnon tirait à gauche.

Puis chacun, décrivant une courbe, vint se placer : Carmagnole, à la droite du père, et Gibassier, à la gauche du fils.

La messe commençait en ce moment.

Elle fut dite avec onction, écoutée avec recueillement.

La messe achevée, les jeunes gens de l'école de Châlons, qui avaient porté le cercueil jusqu'à l'église, s'approchèrent pour le reprendre et le porter jusqu'au cimetière.

Mais au moment où ils se penchaient

pour réunir leurs efforts et soulever le fardeau d'un mouvement unanime, un homme de haute taille vêtu de noir, mais sans insignes, sembla sortir de terre, et du ton d'un homme qui a le droit de commander :

— Ne touchez pas à ce cercueil, messieurs, s'écria-t-il.

— Et pourquoi ? demandèrent les jeunes gens stupéfaits.

— Je n'ai pas de comptes à vous rendre, répondit l'homme noir, ne touchez pas au cercueil.

Puis, s'adressant au commissaire des morts :

— Vos porteurs, monsieur, demanda-t-il, où sont vos porteurs?

Le commissaire des morts s'avança.

— Mais, dit-il, je croyais que c'étaien ces messieurs qui devaient porter le corps.

— Je ne connais pas ces messieurs, interrompit violemment l'homme noir. Je vous demande où sont vos porteurs, faites-les venir sur-le-champ.

On comprend la rumeur que produisit dans l'église cet étrange incident. Un bruit immense, pareil à celui qui monte des flots pendant les sinistres minutes qui précèdent la tempête, s'éleva de tous côtés.

Un rugissement formidable sortait de la poitrine de la foule.

L'inconnu se sentait sans doute appuyé à une force irrésistible, car il accueillit cette rumeur avec un sourire de dédain.

— Des porteurs! répéta-t-il.

— Non, non, non, pas de porteurs, crièrent les élèves.

— Pas de porteurs ! répéta la foule.

— De quel droit, continuèrent les élèves, voulez-vous nous empêcher de porter les restes de notre bienfaiteur, quand nous avons reçu l'autorisation de la famille?...

— C'est faux, dit l'inconnu, la famille, au contraire, s'oppose formellement au transport du corps autrement que par le mode ordinaire.

— Est-ce vrai, messieurs, demandèrent les jeunes gens en se tournant vers les comtes Gaétan et Alexandre de Larochefoucauld, fils du défunt, qui s'avançaient en ce moment pour prendre place derrière le corps de leur père ; est-ce vrai, messieurs, que vous nous défendez de porter les restes de notre bienfaiteur et de votre père qui fut aussi le nôtre ?

Tout ceci se passait au milieu d'un tumulte effroyable à décrire. Mais quand on entendit cette interrogation, quand on vit que le comte Gaétan s'apprêtait à y répondre :

— Silence ! silence ! silence ! cria-t-on de tous côtés.

Le silence se fit comme par magie, et l'on entendit la voix grave, douce et reconnaissante à la fois du comte Gaétan qui répondait :

— La famille, loin de s'y opposer, vous y a autorisés, messieurs, et elle vous y autorise encore.

Ce fut à ces mots un hurrah de joie qui retentit du faîte à la base de l'église.

Cependant le commissaire des morts

avait fait avancer les porteurs, et ceux-ci avaient déjà saisi les brancards, mais, en entendant les paroles du comte Gaétan, ils remirent le cercueil aux jeunes gens, qui, le replaçant sur leurs épaules, sortirent religieusement de l'église.

On traversa assez tranquillement la cour, puis on entra dans la rue Saint-Honoré.

L'individu qui avait causé le scandale avait disparu comme par enchantement. On avait beau s'interroger dans tous les groupes, personne ne l'avait vu sortir, personne ne l'avait vu passer.

Une fois dans la rue Saint-Honoré, le cortége se reforma. Les fils du duc de Larochefoucauld d'abord, puis, derrière eux, un grand nombre de pairs de France, de députés, de personnages distingués par leur mérite personnel ou éminents par leur position, amis ou alliés du duc, prirent successivement leur place.

Le duc de Larochefoucauld était lieutenant-général. Une escorte d'honneur avait été donnée à ses restes.

Tout semblait donc apaisé quand, au moment où l'on s'y attendait le moins, le même individu qui avait déjà causé le scandale de l'église, reparut tout à coup, comme si une seconde fois il sortait de dessous terre.

La foule, en le reconnaissant, poussa un cri d'indignation.

Mais lui, s'avançant vers l'officier, qui commandait l'escorte d'honneur, lui dit à l'oreille quelques paroles que nul n'entendit.

Puis, tout haut, il lui enjoignit de prêter main-forte aux agents pour empêcher les jeunes gens de porter le cercueil et le faire déposer sur le corbillard destiné à le conduire hors de Paris.

A cette prétention, renouvelée pour la seconde fois avec appel à la force armée, des cris de menace s'élevèrent de tous les côtés.

Au milieu des cris, on distinguait clairement :

— Non, non, n'y consentez pas. Vive la garde ! à bas les mouchards ! A bas le commissaire de police ! à la lanterne le commissaire de police.

Et, comme accompagnement naturel de ces cris, il se produisit de la queue à la tête de la foule, un mouvement semblable à celui des lames de la marée.

La dernière vague arriva si près du commissaire, qu'elle le força de reculer.

Il se retourna du côté d'où partaient les cris et jetant un regard de menace à toute cette foule :

— Monsieur, dit-il à l'officier, une seconde fois, je vous somme de me prêter main-forte.

L'officier jeta un coup d'œil sur ses hommes, il les vit fermes et sombres. Ils obéiraient quel que fût l'ordre donné.

De nouveaux cris s'élevèrent.

— Vive la garde ! A bas les mouchards!

— Monsieur, répéta violemment l'homme noir à l'officier, une troisième et dernière fois, je vous somme de me prêter main-forte. J'ai reçu des ordres formels, et malheur à vous si vous m'empêchez de les exécuter.

L'officier, vaincu par le ton impérieux du commissaire et par la forme menaçante de la sommation, l'officier donna un ordre à demi-voix, et, en un instant, les baïonnettes rayonnèrent au bout des fusils.

Ce mouvement sembla pousser la foule au dernier paroxisme de la colère.

Des cris sinistres, des cris de vengeance et de mort retentirent de tous les côtés :

— A bas la garde ! Mort au commissaire ! A bas le ministère ! A mort M. de Corbière ! A la lanterne les jésuites ! Vive la liberté de la presse !

Les soldats s'avancèrent pour s'emparer du cercueil.

XII

Une émeute en 1827.

Maintenant, si le lecteur veut passer de l'ensemble aux détails, et de la foule à quelques-uns des individus qui la composaient, il jettera, guidé par nous, un regard sur l'attitude des personnages de notre livre, au moment où le cercueil, porté par les élèves de l'école de Châlons, descendait les marches de l'église de l'Assomption, et s'avançait dans la rue Saint-Honoré.

M. Sarranti et l'abbé Dominique, suivis, l'un de Gibassier, l'autre de Carmagnole, s'étaient, au sortir de l'église, rapprochés sans affectation et sans paraître se connaître le moins du monde, et étaient allés se placer à l'extrémité de la rue de Mondovi, c'est-à-dire près de la place de l'Orangerie, en face du jardin des Tuileries.

M. de Marande et ses amis étaient groupés dans la rue du Mont-Thabor, attendant que le cortége se mît en marche.

Salvator et nos quatre amis s'étaient

arrêtés dans la rue Saint-Honoré, à l'angle de la rue Neuve-du-Luxembourg.

Dans le mouvement que la foule avait opéré, les rangs s'étaient resserrés, et les jeunes gens se trouvaient à une vingtaine de pas de la grille qui forme l'enceinte de l'église de l'Assomption.

Ils se retournèrent en entendant pousser ces cris avec lesquels la population indignée accueillait, au milieu d'un service funèbre, l'intervention de la force armée.

Mais parmi tous ceux qui manifestaient ainsi leur indignation, les plus indignés étaient ces hommes aux figures basses et aux regards louches, qui paraissaient se-

més dans la foule avec une habile profu-
sion.

Jean Robert et Pétrus se détournèrent avec dégoût. Leur désir, en ce moment, eût été de se tirer de cette presse au-dessus de laquelle on sentait planer quelque chose de sinistre et de menaçant.

Mais ils étaient pris; il n'y avait pas moyen de bouger, et tous leurs efforts, se tournant vers le sentiment de la conservation personnelle, devaient se borner à ne pas être étouffés.

Salvator, au reste, l'homme étrange, qui semblait aussi familier avec les mystères de l'aristocratie qu'avec les arcanes de la police, Salvator connaissait la plupart de ces hommes, non-seulement de vue, mais, chose singulière, de noms ; et ces noms, c'étaient pour la curiosité de Jean Robert, poète aux instincts élevés, des jalons placés sur un chemin inconnu, descendant vers les cercles infernaux, visités par le Dante.

Ces hommes, c'étaient Longue-Avoine, Maldaplomb, Brin-d'Acier, Maillochon, toute cette escouade enfin que nos lecteurs ont vue assiéger la petite maison de la rue des Postes, dans laquelle l'un d'entre eux, le pauvre Vol-au-Vent, avait fait un saut si périlleux et si mal réussi.

C'étaient, diversement groupés et correspondant de l'œil et du geste avec Salvator, qui, par ces deux moyens mimiques, leur recommandait la plus grande prudence, c'étaient Croc-en-Jambe et son compère La Gibelotte, paraissant parfaitement raccommodés, le dernier continuant de révéler sa présence par cette pénétrante odeur de valériane qui affectait si désagréablement l'odorat de Ludovic dans le cabaret du coin de la rue Aubry-le-Boucher, où a commencé cette longue histoire que nous sommes en train de raconter à nos lecteurs.

C'étaient Fafiou et le divin Copernic, réunis par l'intérêt que Copernic avait de ne pas se brouiller avec Fafiou, plus encore que par celui qu'avait Fafiou de ne pas se brouiller avec Copernic.

Copernic avait donc pardonné à Fafiou ce geste inconsidéré que le pître avait mis sur le compte d'un mouvement nerveux dont il n'avait pas été le maître.

Seulement Copernic avait fait jurer à Fafiou que la chose ne lui arriverait plus, serment que Fafiou n'avait fait qu'avec cette restriction mentale à l'aide de laquelle les jésuites prétendent qu'on peut tout jurer sans être obligé de rien tenir.

A dix pas des deux artistes, et heureusement séparés d'eux par une masse compacte, étaient Jean Taureau, tenant sous son bras, comme un gendarme tient son prisonnier, comme Gibassier tenait son agent, tenant sous son bras cette grande fille blonde, cette Vénus des halles, au corps onduleux comme celui d'un serpent, et que l'on appelait *Fifine*.

Nous disons heureusement, car Jean Taureau avait flairé Fafiou comme Ludovic avait flairé La Gibelotte, quoique nous n'accusions pas le pauvre garçon d'exhaler la même odeur, et l'on sait quelle haine profonde, quelle exécration invétérée professait le robuste charpentier pour son frêle rival.

Non loin de là étaient les deux compagnons qui avaient livré bataille aux jeunes gens dans le cabaret. Sac-à-Plâtre, ce maçon qui, dans un incendie, avait jeté du second étage son enfant et sa femme à cet

Hercule Farnèse ayant nom Jean Taureau, et qui avait fini par s'y jeter lui-même, Sac-à-Plâtre, blanc comme la substance qu'il avait l'habitude de gâcher, et qui lui avait valu ce sobriquet, Sac-à-Plâtre était au bras d'un géant aussi noir que lui, Sac-à-Plâtre, était blanc.

Ce géant, qui semblait être le Titan, époux de la Nuit, était ce charbonnier démesuré que Jean Taureau, dans un jour de liesse et de pédantisme, avait nommé Toussaint Louverture.

C'étaient, en outre, tous ces personnages vêtus de deuil que nous avons vus stationner dans la cour de la Préfecture, attendant les derniers ordres de M. Jackal et le signal du départ.

Au moment où les soldats s'approchèrent du cercueil, baïonnettes en avant, une vingtaine de personnes, emportées par un premier mouvement de générosité, se jetèrent entre eux et les élèves de l'École de Châlons qui portaient le corps.

L'officier interpellé s'il aurait le courage de se servir des baïonnettes de ses soldats contre des jeunes gens dont le seul crime était de rendre hommage à leur bienfaiteur, l'officier répondit que l'ordre qu'il venait de recevoir du commissaire de police était formel, et qu'il ne se souciait pas d'être destitué.

Seulement, lui à son tour et une dernière fois, somma ceux qui voulaient l'empêcher d'accomplir son devoir de se retirer, et, s'adressant aux porteurs protégés par cette muraille vivante, il leur ordonna de poser le cercueil à terre.

— N'en faites rien, n'obéissez pas, cria-t-on de tous côtés. Nous sommes là pour vous soutenir.

Et les jeunes gens, en effet, par leurs paroles fermes et leur attitude résolue, semblaient décidés à tout risquer plutôt que d'obéir.

L'officier donna l'ordre à ses hommes de continuer le mouvement. Les baïonnettes, qui s'étaient relevées un instant, s'abaissèrent de nouveau.

— Mort au commissaire! mort à l'officier! hurla la foule.

L'homme noir leva le bras; le sifflement d'un casse-tête se fit entendre, et un homme, frappé à la tempe, tomba baigné dans son sang.

Nous n'avions point, à cette époque, passé à travers les terribles émeutes du 5 juin et du 13 mai, et c'était encore quelque chose qu'un homme assommé!

— Au meurtre! cria la foule, au meurtre!

Comme s'ils n'eussent attendu que ce cri, deux ou trois cents agents sortirent de dessous leurs redingotes leurs casses-têtes, pareils à celui dont on avait vu l'effet.

La guerre était déclarée.

Ceux qui avaient des bâtons les levèrent, ceux qui avaient des couteaux les sortirent de leurs poches.

L'émeute, bien chauffée, comme on dit en terme d'art, faisait explosion.

Jean Taureau, l'homme au courage sanguin, c'est-à-dire l'homme du premier mouvement, Jean Taureau oublia les recommandations muettes de Salvator.

— Ah! ah! dit-il en lâchant le bras de

Fifine et en crachant dans ses mains, je crois que nous allons en découdre.

Et, comme pour essayer ses forces, il prit par les flancs le premier agent de police qui se trouva à sa portée, et s'apprêta à le jeter n'importe où.

— A moi ! à l'aide ! au secours ! les amis, cria l'agent d'une voix qui s'éteignait de plus en plus sous la pression des mains de fer de Jean Taureau.

Brin-d'Acier entendit ce cri de détresse, et, glissant comme une couleuvre à travers la foule, il s'approcha par derrière, et il levait déjà sur Jean Taureau un bâton court et plombé, quand Sac-à-Plâtre se précipita entre le mouchard et le charpentier, et saisit le bâton, tandis que le chiffonnier, arrivé près du groupe, et voulant sans doute justifier son nom, passa la jambe à Brin-d'Acier et le fit tomber à la renverse.

A partir de ce moment, ce fut une mêlée épouvantable, et l'on commença à entendre les cris aigus des femmes mêlées à la foule:

L'agent, saisi au corps par Jean Taureau, comme Anthée par Hercule, avait lâché son casse-tête, qui avait roulé aux pieds de Fifine. Celle-ci l'avait ramassé, et, la manche retroussée jusqu'au coude, ses cheveux blonds au vent, elle frappait à droite et à gauche sur tout ce qui tentait de s'approcher d'elle.

Deux ou trois coups, virilement assénés par la Bradamante, concentrèrent sur elle l'attention de deux ou trois hommes de la police, et elle allait être infailliblement assommée quand Copernic et Fafiou s'ouvrirent un passage jusqu'à elle.

La vue de Fafiou s'approchant de Fifine fit prendre une violente résolution à Jean Taureau. Il lança l'agent au beau travers de la foule, et se retournant vers le pître :

— Et d'un, dit-il.

Et allongeant le bras, il saisit Fafiou au collet.

Mais à peine la main avait-elle touché l'habit, que Jean Taureau recevait un coup de bâton plombé qui lui faisait lâcher prise.

Il reconnut la main qui l'avait frappé.

— Fifine, s'écria-t-il écumant de colère, mais tu veux donc que je t'extermine?

— Toi, grand lâche! dit-elle, ose donc un peu lever la main sur moi.

— Non pas sur toi, mais sur lui!

— Voyez ce chenapan-là, dit-elle à Sac-à-Plâtre et à Croc-en-Jambe, est-ce qu'il ne veut pas étrangler un homme qui vient de me sauver la vie?

Jean Taureau poussa un soupir qui ressemblait à un rugissement, puis, à Fafiou :

— Va-t'-en, dit-il, et, si tu tiens à ton existence, présente-toi le moins possible sur mon chemin.

Pendant que ces choses se passaient à droite dans le groupe de Jean Taureau et de ses camarades habituels de cabaret, voyons ce qui se passait à gauche dans le groupe de Salvator et de nos quatre jeunes gens.

Salvator avait recommandé, comme nous l'avons vu, à Justin, à Pétrus, à Jean Robert et à Ludovic, la plus stricte neutralité; et cependant Justin, le plus calme de tous en apparence, venait de contrevenir à cette recommandation.

Disons comment ils étaient placés.

Justin se trouvait à la gauche de Salvator, les trois autres jeunes gens étaient derrière lui.

Tout à coup, Justin entendit à trois pas de lui un cri douloureux, puis une voix d'enfant qui criait :

— A moi, monsieur Justin, à moi!

Interpellé par son nom, Justin se jeta en avant et aperçut Babolin renversé à terre et crossé à grands coups de pied par un agent.

Par un mouvement rapide comme la pensée, il repoussa violemment l'agent et se baissa pour aider Babolin à se remettre sur ses pieds. Mais au moment où il s'inclinait, Salvator vit le casse-tête d'un agent se lever au-dessus de lui.

Il s'élança à son tour la main en avant pour faire de son bras un rempart à Justin. Mais, à son grand étonnement, le casse-tête resta levé sans s'abattre, tandis qu'une voix affectueuse lui disait :

— Eh ! bonjour, cher monsieur Salvator, que je suis donc aise de vous rencontrer !

Cette voix, c'était celle de M. Jackal.

XII

L'arrestation.

M. Jackal avait reconnu Justin pour l'ami de Salvator et pour l'amant de Mina et, voyant le danger qui le menaçait, s'était élancé en même temps que Salvator pour le soustraire à ce danger.

Voilà comment leurs deux mains s'é-
taient rencontrées.

Mais là ne devait pas se borner la protection de M. Jackal.

Il donna, d'un geste, l'ordre à ses hommes
de respecter le groupe des jeunes gens,
et, tirant Salvator à l'écart :

— Mon cher monsieur Salvator, lui dit-
il, en soulevant ses lunettes pour ne rien
perdre, tout en parlant, de ce qui se passait dans la foule, mon cher monsieur Salvator, un bon conseil.

— Dites, cher monsieur Jackal.

— Un conseil d'ami, vous savez si je
suis votre ami ?

— Je m'en vante du moins, dit Salvator.

— Eh bien, conseillez à M. Justin et aux autres personnes qui pourraient vous intéresser, et de l'œil il désigna Pétrus, Ludovic et Jean Robert, conseillez-leur, dis-je, de se retirer et... et faites comme eux.

— Oh ! s'écria Salvator, et pourquoi donc cela, monsieur Jackal ?

— Parce qu'il pourrait leur arriver malheur.

— Bah !

— Oui, fit de la tête M. Jackal.

— Nous allons donc avoir une émeute ?

— J'en ai grand'peur. Ce qui se passe a tout l'air de nous mener là, et c'est ainsi que commencent toutes les émeutes.

— Oui, elles commencent toutes de la même manière, dit Salvator. Il est vrai, ajouta-t-il, qu'elles ne finissent pas toutes de la même façon.

— Celle-là finira bien, j'en réponds, dit M. Jackal.

— Oh! du moment où vous en répondez... fit Salvator.

— Je n'ai pas l'ombre d'un doute à ce sujet.

— Diable!

— Ainsi, vous comprenez comme, malgré la protection toute spéciale que je suis en disposition d'accorder à vos amis, il pourrait, comme je vous le disais, leur arriver malheur, priez-les de se retirer.

— Je m'en garderai bien, dit Salvator.

— Et pourquoi?

— Parce qu'ils ont décidé de rester jusqu'à la fin.

— Dans quel but ?

— Par curiosité.

— Peuh! fit M. Jackal, ce ne sera pas bien curieux; allez.

— D'autant plus que, d'après ce que vous m'avez dit, on peut être certain d'une chose, c'est que force restera à la loi.

— Ce qui n'empêchera pas que vos jeunes gens, en restant...

— Eh bien ?

— Ne risquent...

— Quoi ?

— Dame ! ce que l'on risque dans une émeute, d'être tant soit peu contusionnés.

— En ce cas, cher monsieur Jackal, vous comprenez, je ne les plains pas.

— Ah ! vous ne les plaignez pas ?

— Non! ils n'auront que ce qu'ils méritent.

— Comment, que ce qu'ils méritent?

— Sans doute, ils ont voulu voir une émeute, qu'ils subissent les conséquences de leur curiosité.

— Ils ont voulu voir une émeute? répéta M. Jackal.

— Oui, dit Salvator.

— Ils savaient donc qu'il y allait avoir une émeute? ils avaient donc vent de ce qui allait se passer, vos amis?

— Oh! vent complet, vent debout, cher monsieur Jackal. Les plus vieux matelots ne devinent pas les tempêtes avec plus de perspicacité que mes amis n'ont flairé l'émeute.

— Vraiment ?

— Sans doute. Avouez du reste, cher monsieur Jackal, qu'il faudrait mettre bien de la mauvaise volonté pour ne pas comprendre ce qui se passe.

— Bon! et que se passe-t-il donc? demanda M. Jackal, en remettant ses lunettes sur son nez.

— Vous l'ignorez ?

— Vraiment oui.

— Eh bien, demandez-le à ce monsieur qu'on arrête là-bas.

— Où donc, demanda M. Jackal sans relever ses lunettes, ce qui prouvait qu'il avait aussi bien vu l'arrestation qui s'opérait que Salvator.

— Quel monsieur? demanda-t-il.

— Ah! c'est vrai, dit Salvator, vous avez la vue si basse, que vous ne sauriez voir. Cependant essayez, tenez, là-bas, à deux pas d'un moine.

— Oui, en effet, je crois que j'aperçois quelque chose comme une robe blanche.

— Ah! par le ciel! s'écria Salvator, mais c'est l'abbé Dominique, l'ami du pauvre Colomban. Je le croyais en Bretagne, au château de Penhoël.

— Il y était en effet, dit M. Jackal, mais il en est arrivé ce matin.

— Ce matin ? Je vous remercie de votre bon renseignement, monsieur Jackal, dit en souriant Salvator. Eh bien, à côté de lui, voyez-vous...

— Ah! ma foi oui, un homme que l'on arrête, c'est, par ma foi, vrai. Je plains ce citoyen de tout mon cœur.

— Vous ne le connaissez pas, alors?

— Non!

— Connaissez-vous ceux qui l'arrêtent.

— J'ai la vue si faible; et puis ils sont beaucoup, ce me semble.

— Particulièrement les deux qui le tiennent au collet?

— Oui, oui, je connais ces gaillards-là. Mais où diable les ai-je vus ; voilà la question.

— Alors, vous ne vous en souvenez pas?

— Vraiment non.

— Désirez-vous que je vous mette sur la voie ?

— Vous me ferez un véritable plaisir.

— Eh bien, vous avez vu l'un, le plus petit, au moment où il partait pour le bagne, et vous avez vu l'autre, le plus grand, au moment où il en revenait

— Oui ! oui ! oui !

— Vous y êtes, maintenant ?

— C'est-à-dire que je les connais comme père et mère. Ce sont des employés de mon administration. Que diable font-ils là ?

— Mais je vois qu'ils travaillent pour votre compte, cher monsieur Jackal.

— Peuh ! fit M. Jackal, peut-être bien aussi les drôles travaillent-ils pour le leur. Cela leur arrive quelquefois.

— Eh ! tenez, en effet, dit Salvator, en voilà un qui coupe la chaîne de montre de son prisonnier.

— Quand je vous le disais. Ah ! cher

monsieur Salvator, la police est bien mal faite.

— A qui le dites-vous, monsieur Jackal?

Et ne se souciant probablement pas d'être vu plus longtemps dans la société de M. Jackal, Salvator fit un pas en arrière et le salua.

— Enchanté d'avoir eu le plaisir de vous rencontrer, monsieur Salvator, dit le chef de police en s'éloignant de son côté et en se dirigeant d'un pas rapide vers le groupe où Gibassier et Carmagnole essayaient d'arrêter M. Sarranti.

Nous disons essayaient, car, bien que pris au collet par les deux agents, M. Sarranti était loin de se considérer comme arrêté.

Il avait d'abord parlementé.

A ces mots :

— Au nom du roi, je vous arrête, prononcés à la fois à ses deux oreilles par Carmagnole et par Gibassier, il avait répondu tout haut :

— Vous m'arrêtez, et pourquoi ?

— Pas de scandale, dit alors à demi-voix Gibassier, nous vous connaissons.

— Vous me connaissez? s'écria Sarranti, en jetant un regard à droite et à gauche sur les deux argousins.

— Oui; vous vous appelez Dubreuil, dit Carmagnole.

On se souvient que M. Sarranti avait écrit à son fils qu'il était à Paris sous le nom de Dubreuil et que M. Jackal avait, pour ne pas faire de cette arrestation une affaire politique, recommandé à ses deux agents d'arrêter l'opiniâtre conspirateur sous ce nom.

En voyant que l'on arrêtait son père, Dominique, emporté par un premier mouvement, s'élança vers lui.

Mais M. Sarranti l'arrêta d'un signe.

— Ne vous mêlez point de cette affaire, *monsieur*, dit-il au moine. Je suis victime d'une erreur, et demain, j'en suis certain, je serai mis en liberté.

Le moine s'inclina devant cette recommandation, qu'il reçut comme un ordre et fit un pas en arrière.

— Certainement, dit Gibassier, si nous nous trompons, il vous sera fait justice.

— Et d'abord, dit Sarranti, en vertu de quel ordre m'arrêtez-vous?

— En vertu d'un mandat d'amener contre un certain M. Dubreuil, qui vous ressemble si fort, que je croirais manquer à mon devoir en ne m'assurant pas de vous.

— Et pourquoi, si vous craignez tant le

scandale, m'arrêtez-vous ici plutôt qu'ailleurs?

— Parce qu'on arrête les gens où on les rencontre donc, dit Carmagnole.

— Sans compter que nous courons après vous depuis ce matin, dit Gibassier.

— Comment, depuis ce matin?

— Oui, dit Carmagnole, depuis que vous avez quitté l'hôtel.

— Quel hôtel? demanda Sarranti.

— L'hôtel de la place Saint-André-des-Arcs, dit Gibassier.

A cette dernière désignation, il passa

comme un éclair à travers l'esprit de Sarranti. Il lui sembla voir sur le visage, entendre dans la voix de Gibassier, des traits et des sons qui ne lui étaient pas inconnus.

Puis, tout lui revint en mémoire, le voyage, le Hongrois, le courrier de dépêches, le postillon, tout cela vague comme à travers un nuage, mais cependant assez précis pour qu'instinctivement, plutôt qu'autrement, il ne conservât aucun doute.

— Misérable, s'écria le Corse, en devenant pâle comme un mort, et en portant la main sous son habit.

Gibassier vit briller la lame d'un poignard, et peut-être la mort eut-elle suivi ce rayon avec la même rapidité que la foudre suit l'éclair, si Carmagnole, qui avait vu et compris le mouvement, n'eût saisi des deux mains la main qui tenait l'arme.

Se sentant pressé à la fois par les deux hommes, Sarranti, réunissant tout ce que la volonté humaine peut donner de force en un moment suprême, Sarranti se dégagea de la double étreinte, et, bondissant, le poignard à la main, au milieu d'un groupe compacte :

— Passage! cria-t-il, passage!

Mais Gibassier et Carmagnole non-seulement bondissaient derrière lui, mais encore ils avaient fait, par un cri convenu, appel à tous leurs compagnons.

En un instant, un cercle infranchissable se forma autour de Sarranti; vingt casse-têtes furent levés, et sans doute allait-il tomber assommé comme un taureau sous la masse des bouchers, quand une voix retentit qui criait :

— Vivant! qu'on le prenne vivant !

Les agents reconnurent la voix si bien obéie de M. Jackal, et, sachant qu'ils combattaient sous les yeux de leur chef, se ruèrent sur M. Sarranti.

Il y eut un instant d'effroyable mêlée.

Un homme se débattait debout au milieu de vingt hommes.

Puis il tomba sur un genou.

Puis il disparut tout à fait.

En voyant tomber son père pour la seconde fois, Dominique s'était élancé à son secours. Mais en ce moment la foule, qui fuyait en jetant des cris d'angoisse, passa comme un torrent dans la rue et sépara le fils du père.

Pour ne pas être entraîné, le moine s'accrocha à la grille d'un hôtel, mais, quand la foule fut écoulée, M. Sarranti et le groupe immonde sous lequel il se débattait avaient disparu.

XIII

Les journaux officiels.

Nous avons donné quelques échantillons des scènes que jouait la police de M. Delavau, le 30 mars de l'an de grâce 1827.

D'où venait ce scandale ? quelle était la cause de cette étrange profanation faite aux restes du noble duc ?

Nul ne l'ignorait.

Le ministère ne pouvait point pardonner à M. de Larochefoucauld-Liancourt la sincérité de ses opinions.

Un Larochefoucauld appartenir à l'opposition et voter avec elle ; en vérité, c'était là un crime de lèse-majesté, et le ministère ne devait pas négliger de le punir.

On oubliait le Larochefoucauld de la Fronde. Il est vrai que celui-là avait été puni :

D'abord par une arquebusade en plein visage, ensuite par une infidélité en plein cœur.

En effet, le ministère avait peu à peu

retiré à M. de Larochefoucauld — au moderne bien entendu — toutes les fonctions gratuites et toutes relatives à des œuvres de charité qu'il exerçait. Mais non content de l'avoir atteint dans sa vie, il voulait encore le frapper dans sa mort en empêchant la foule reconnaissante de témoigner, par un acte extérieur, le respect et l'amour qu'avait inspirés à la population de Paris la longue carrière du duc, consacrée exclusivement au bien matériel et moral.

A l'aumône et à l'instruction.

La foule savait donc bien d'où venait l'ordre et, tout haut, elle nommait M. de Corbière, qu'à tort ou à raison on avait fait le bouc émissaire du ministère de 1827.

Nous verrons, dans la suite de ce récit, les effroyables scènes de désordre, les émeutes avortées qu'enfantait la police de cette époque. Pour le moment, nous croyons les principales scènes de ce jour suffisantes à donner une idée de l'horrible mêlée et de la lutte sanglante auxquelles donnèrent lieu les obsèques du vénérable duc.

Disons donc quelles causes avaient fait déborder ce torrent d'hommes, de femmes et d'enfants qui venait de séparer Dominique de M. Sarranti, le fils du père,

Au moment où l'émeute était arrivée à son apogée, à l'instant où les cris de mort, les hurlements des hommes, les plaintes des femmes, les pleurs des enfants se faisaient entendre de toutes parts, c'est-à-dire au moment où les soldats, baïonnettes en avant, marchant sur les élèves de l'École de Châlons, voulurent violemment s'emparer du cercueil, tout à coup un cri perçant, suivi d'un bruit sinistre, retentit lugubrement, cri et bruit qui arrêtèrent instantanément, et comme par miracle, tous les cris, tous les bruits, tous les mugissements de cet océan humain.

Il y eut un moment d'effrayant silence. On eût dit que la vie venait de s'échapper en même temps de toutes les poitrines.

Ce cri était parti des fenêtres, placées comme des loges au dessus du théâtre où se jouait ce drame sacrilége.

Ce cri, la foule l'avait poussé en voyant un des jeunes gens qui portaient le cercueil blessé par la baïonnette d'un soldat.

Ce bruit sinistre que l'on avait entendu, c'était le bruit sourd et lugubre du cercueil du duc, qui, dans la lutte, tiré à droite par les soldats, tiré à gauche par les jeunes gens, tombait lourdement sur le pavé.

Au même instant, comme si la foudre eût éclaté au milieu d'eux, les spectateurs de cette épouvantable scène s'écartèrent, saisis d'un indicible effroi, laissant seuls, dans l'immense vide qu'ils faisaient en se retirant, les jeunes gens consternés.

Ce fut ce mouvement qui, mal interprété par ceux qui ressentirent la secousse sans en connaître la cause, occasionna cette avalanche qui se précipita dans toutes les rues adjacentes, et particulièrement dans la rue Mondovi. Un des jeunes gens gisait sur le sol, près de la bière. Il avait reçu un coup de baïonnette dans le flanc.

Ses compagnons le soulevèrent dans leurs bras et l'entraînèrent dans leurs rangs.

On pouvait suivre sa marche à la trace de sang qu'il avait laissée sur le pavé.

L'officier, le commissaire de police et les soldats étaient restés maîtres de la position.

Force était demeurée à la loi, comme disait Salvator, qui, toujours à la même place, retenait d'un bras Justin, de l'autre Jean Robert, tout en disant à Pétrus et à Ludovic :

— Sur votre tête, ne bougez pas.

Les soldats, abattus et honteux, s'approchèrent du cercueil à demi-brisé, et ramassèrent le manteau et les insignes du défunt, couverts de boue et épars çà et là dans le ruisseau.

Nous l'avons dit, après ce premier cri

jeté, cri formidable, immense, mortel, après ce premier mouvement, qui précipita une portion de cette foule dans toutes les directions où elle crut pouvoir s'écouler, il se fit un silence de mort, silence sublime, plus énergique que tous les cris.

En effet, la protestation la plus haute, la défense la plus énergique, l'indignation la plus éclatante, n'eussent pas contenu plus d'amers reproches, plus de sanglantes menaces que cette attitude recueillie et respectueuse de la foule, vis-à-vis du cadavre, que cette réprobation muette et silencieuse vis-à-vis de ses profanateurs.

Au milieu de ce silence, l'auteur de tout ce sacrilége, l'homme noir, le commissaire de police, s'élança dans le cercle, faisant signe aux porteurs d'avancer, ordonnant de placer le cercueil sur le corbillard, et commandant à l'officier, d'un geste impératif, de l'assister s'il était besoin.

Mais tout à coup le commissaire et l'officier devinrent livides, et leur visage se couvrit d'une sueur froide, en voyant à travers les fentes de la bière brisée en plusieurs endroits, s'étendre vers eux, comme une menace du tombeau, un des bras décharnés du cadavre qui, séparé du corps, semblait prêt à tomber sur le pavé.

Disons pour ceux qui tenteraient de nous accuser de faire de l'horrible à froid, qu'il résulta de l'enquête faite à la suite de ce scandaleux événement que, lorsque le cercueil du duc de Larochefoucauld fut conduit à Liancourt, lieu de sépulture de la famille de Larochefoucauld, il fallut passer une partie de la nuit qui précéda l'inhumation, non-seulement à réparer le cercueil qui se trouvait, comme nous l'avons dit, à demi-brisé, *mais encore à rétablir dans leur position naturelle les membres qui s'étaient détachés du corps* (1).

Hâtons-nous de dire, et nous ne reviendrons plus sur ce triste sujet, que l'indignation populaire ne poussa qu'un cri d'un bout de la France à l'autre.

Tous les journaux qui n'appartenaient

---

(1) Achille de Vaulabelle, *Histoire des Deux Restaurations*, tome VI, chapitre 7.

point au ministère rendirent compte de l'horrible scène avec toute la colère et le mépris que méritait cette odieuse profanation.

Les deux Chambres furent les échos de ce cri universel. La Chambre des Pairs surtout, frappée dans l'un de ses membres, ne se borna point à blâmer énergiquement cette violence sacrilège, qui frappait le corps d'un homme dont le seul crime avait été de voter contre le gouvernement. Elle chargea son grand référendaire de s'enquérir des faits, et quand le haut dignitaire communiqua à la Chambre le résultat de son enquête, il accusa hautement la police d'avoir volontairement causé ce scandale, scandale d'autant plus blâmable que de nombreux précédents justifiaient le transport à bras d'un cercueil et qu'en mainte occasion, et particulièrement aux obsèques de Delille, de Beclard et de M. Emmery, supérieur du séminaire de Saint-Sulpice, la police avait autorisé le transport à bras de leurs restes et par leurs amis et par leurs élèves. Le cercueil de M. Emmery, entre autres, avait été porté de cette manière, par les élèves de son séminaire, jusqu'au cimetière d'Issy.

M. de Cubière entendit tous ces reproches et les accueillit avec cette froideur hautaine qui lui était naturelle, et qui parfois soulevait contre lui à la Chambre de si terribles orages, et non seulement il ne crut pas devoir adresser une seule parole de blâme à l'agent qui, après sa mort, avait outragé les restes qu'il avait, lui, outragé pendant sa vie.

Il fit plus.

Il monta à la tribune et répondit :

« Si les orateurs que nous avons entendus s'étaient bornés à exprimer leurs sentiments pénibles, j'aurais respecté leur douleur et gardé le silence. Mais encore des plaintes contre l'administration !.....
La conduite du préfet de police et de ses agents a été ce qu'elle devait être, et ils eussent manqué à leur devoir et encouru mon juste blâme en agissant autrement qu'ils ont fait.

La Chambre remercia le grand référendaire de son rapport, et décida qu'elle attendrait le terme de l'information judiciaire alors commencée.

Ajoutons que l'information eut un terme, mais n'eut point de résultat.

En même temps que les journaux de l'opposition ou indépendants manifestaient le lendemain, dans leurs premières colonnes, l'indignation dont ils n'étaient que les interprètes, les journaux du gouvernement publiaient une note venue évidemment du ministère ou de la préfecture ; car, quoique imprimée dans trois journaux différents, elle ne différait ni dans le fond, ni dans la forme.

Voici à peu près le texte de cette note, dont le but était de rejeter la responsabilité des scènes de la veille sur le compte des *bonapartistes*.

« L'hydre de l'anarchie relève sa tête que l'on croyait à jamais coupée ; la révolution, que l'on croyait éteinte, renaît de ses cendres et frappe à nos portes. Elle s'avance, tout armée, dans l'ombre et le silence, et la monarchie va de nouveau se trouver en face de son éternel ennemi.

» Alerte, fidèles serviteurs de Sa Majesté ; debout, sujets dévoués, l'autel et le trône, le prêtre et le roi sont menacés.

» Les regrettables événements d'hier ont

donné lieu à des scènes de violence, des cris de menace, des cris de sédition ; des cris de mort ont été proférés.

» Heureusement, le préfet de police tenait déjà, depuis vingt-quatre heures en ses mains, les fils principaux de la trame. Grâce au zèle ardent de cet habile administrateur, le complot a été déjoué, et il espère avoir apaisé la tempête qui, une fois encore, menaçait d'engloutir le vaisseau de l'État.

» Le chef de cette vaste conspiration a été arrêté. Il est entre les mains de la justice, et les amis de l'ordre, les fidèles sujets du roi, connaîtront de quelle importance est cette capture, quand ils sauront que le chef de ce complot, qui avait pour but de renverser le roi et de mettre sur le trône le duc de Reichstadt, n'est autre que le célèbre Corse Sarranti, arrivé récemment de l'Inde, où le complot est né.

» On frémit en songeant au danger dont le gouvernement de Sa Majesté était menacé. Mais l'horreur succédera bien vite à l'indignation, et l'on saura une fois de plus à quoi s'en tenir sur le compte des hommes qui, après avoir servi l'usurpateur, servent son fils, quand on saura que ce même Sarranti, qui se cachait depuis quelques jours à Paris, est le même qui a quitté Paris, il y a sept ans, sous le coup d'une accusation de vol et d'assassinat.

» Ceux qui ont lu les journaux du temps,

Se souviennent peut-être que le petit village de Viry-sur-Orge a été, dans l'année 1820, le théâtre d'un crime épouvantable.

» Un des hommes les plus considérés du canton a trouvé, en rentrant un soir chez lui, sa caisse forcée, sa femme assassinée, ses deux jeunes neveux enlevés et le précepteur des deux enfants disparu.

» Ce précepteur n'était autre que M. Sarranti.

» Une instruction judiciaire a déjà commencé.

FIN DU SEIZIÈME VOLUME.

TABLE

Des chapitres du seizième volume.

		Pages
Chap.	I. Le portrait de saint Hyacinthe . . .	1
—	II. Le convoi d'un gentilhomme libéral en 1827	19
—	III. Ce qui se passait dans l'église de l'Assomption le 30 mars de l'an de grâce 1828	37
—	IV. Steeple-Chase	65
—	V. L'hôtel du Grand-Turc, place Saint-André-des-Arcs	85
—	VI. On n'est jamais trahi que par les siens.	111
—	VII. Le triomphe de Gibassier	145
—	VIII. La seconde vue	173
—	IX. Deux gentilshommes de grand chemin.	195
—	X. Deux gentilshommes de grand chemin (suite)	215
—	XI. Comment on fait une émeute . . .	233
—	XII. Une émeute en 1827	253
—	XIII. Les journaux officiels.	295

Fin de la table du seizième volume.

Fontainebleau. — Imp de E. Jacquin.

Ouvrages de divers auteurs.

Le Neuf de Pique, *par la comtesse Dash.*	6 vol.
Le dernier Chapitre, *par la même.*	4 vol.
Camille, *par Roger de Beauvoir.*	2 vol.
Le Veau d'Or, *par Frédéric Soulié.*	10 vol.
Les Parvenus, *par Paul Féval.*	3 vol.
Le Tueur de Tigres, *par le même.*	3 vol.
Le Capitaine Simon, *par le même.*	2 vol.
La Sœur des Fantômes, *par le même.*	3 vol.
La Fée des Grèves, *par le même.*	3 vol.
Les Belles de Nuit, *par le même.*	8 vol.
Deux Trahisons, *par Auguste Maquet.*	2 vol.
Le Docteur Servans, *par Alexandre Dumas, fils.*	2 vol.
Tristan-le-Roux, *par le même.*	3 vol.
Césarine, *par le même.*	1 vol.
Aventures de quatre Femmes, *par le même.*	6 vol.
Les Drames de Province, *par André Thomas.*	4 vol.
Les Ouvriers de Paris, *par le même.*	4 vol.
Deux Marguerites, *par madame Chales Reybaud.*	2 vol.
Hélène, *par la même.*	2 vol.
Les Iles de Glace, *par G. de La Landelle.*	4 vol.
Une Haine à Bord, *par le même.*	2 vol.
Le Morne-aux-Serpents, *par le même.*	2 vol.
Falcar le Rouge, *par le même.*	5 vol.
Piquillo Alliaga, *par Eugène Scribe.*	11 vol.

Fontainebleau. Imp. de E. JACQUIN

www.ingramcontent.com/pod-product-compliance
Lightning Source LLC
Chambersburg PA
CBHW060411170426
43199CB00013B/2091